투자로 인생을 밸류업 하라

투자로 인생을 밸류업 하라

VALUE UP

한걸음 지음

알에이치코리아

자본소득을 잘 일으키면 물려받을 재산이나 특출난 재능이 없는 평범한 사람도 부의 길로 향할 수 있다. 투자에서 운은 통제 불가능하지만, 결국 우리를 좋은 방향으로 이끄는 합리적인 선택은 존재한다. 한걸음 저자는 직장인 투자자로서 누구보다 치열하게 '옳은 선택', '틀리지 않는 선택'에 대해 고민해왔고 그 과정을 주변인과 나눴다. 그리고 이 책에 저자가 경험한 모든 선택과 과정을 담았다. 이 책은 앞으로 당신이 마주할 선택의 갈림길에서 나침반이 되어줄 것이다. 이제 당신의 차례다. 누구나 삶의 방향을 자신의 의지로 비틀 수 있다. "용기를 내어 생각하는 대로 살지 않으면 머지않아 당신은 사는 대로 생각하게 된다."

- 홍진채(라쿤자산운용 대표)

한걸음 저자와 식사를 한 날이었다. 함께 점심을 먹고 와이스트릿 사무실에서 차담을 나눈 뒤 헤어졌다. 그리고 1시간도 되지 않아 그의 블로그 글이 올라왔다. 우리 만남과 관련된 글이었다. 한걸음은 '실행하는 사람'이다. 직장 생활뿐 아니라 투자 공부, 블로그 운영, 책 집필까지 '그냥' 실행한다. 평범한 직장인, 아빠, 생활인인 그를 특별하게 만드는 것은 다름 아닌 '실행력'이다. 이제 '블로거 한걸음'은 웬만한 투자 커뮤니티에서 알아주는 이름이 되었다. 이 책은 한걸음 자신의 밸류업 이야기이기도 하지만, 이 땅의 모든 직장인 투자자를 위한 단호하고 따뜻한 조언과 같다. 제임스 클리어는 이런 말을 했다. "좋은 습관의 비용은 현재에 치르고, 나쁜 습관의 비용은 미래에 치른다." 미래에 더 큰 비용을 치르고 싶지 않다면 이 책과 함께 인생을 밸류업 해보자. 마지막 장을 덮을 때쯤이면 여러분도 '한걸음' 앞서 있을 것이다.

- 이대호(와이스트릿 대표, KBS 라디오 〈성공예감 이대호입니다〉 진행자)

투자 세계에서 습관은 아주 중요하다. 매일 투자하는 습관이 몸에 배어야 팔아야 할지, 사야 할지 알맞은 타이밍을 잡을 수 있기 때문이다. 좋은 습관이 자리 잡으면 투자라는 행위가 훨씬 편해지며, 세상을 보는 눈 또한 높아진다. 이런 투자 습관을 지닌 직장인들만이 결국 부를 일구고, 경제적 자유로 향한다.

- 깡토(하이브리드 투자자)

금융권에서 10년간 직장을 다니며 수많은 사람을 만났다. 똑같이 무일푼에서 시작했음에도 10년이 지나면 누군가는 수십억 원의 자산을 일구고, 누군가는 여전히 빚을 갚으며 근근하게 월급쟁이로 살아간다. 그 차이는 어디서 나오는 것일까? 어떻게 하면 그들처럼 저점에서 벗어나 밸류업 할 수 있을까? 내가 만난 자산가들은 부를 쌓는 방법론에서 차이가 있었지만, 공통점이 있었다. 바로 무턱대고 노력하는 게 아니라 나름의 자기 루틴을 가졌다는 점이다. 이 책은 사람들이 현실적으로 어려워하는 투자 루틴 만들기를 다루고 있다. 한걸음 저자는 이미 부를 이룬 사람들의 이야기가 아닌, 밑바닥에서부터 '어떻게' 올라가는지를 아낌없이 세세하게 공개했다. 이 책을 통해 루틴으로 나를 개발하고, 투자 시스템을 반복해보자. 오직 나를 위한 부의 추월차선을 발견하게 될 것이다. 모두 각자의 추월차선을 찾길 희망한다.

- 노을프라푸치노(30대에 경제적 자유를 이룬 기업 분석의 고수)

직장인이 투자를 시작할 때 흔히 저지르는 실수가 있다. 바로 소액으로 투자하는 대신 투자 공부도 소량으로만 한다는 것이다. 진짜 수익을 내는 직장인 투자자들은 소액이어도 의지를 불태우고 모든 여가 시간을 투자에 할애한다. 자비 없는 투자 시장에서는 경험을 통한 데이터를 더 많이 쌓을수록 성공할 확률도 높아진다. 한걸음 저자는 직장인 투자자의 모범이다. 누구보다 성실하고, 냉철하게, 안정적으로 성공 데이터를 차곡차곡 쌓는 중이다. 그리고 이 책에 그의 성공과 실패 데이터들을 가감 없이 넣었다. 이 책으로 처음 투자하는 초급자, 정체기를 겪고 있는 중급자 모두 바텀아웃Bottom Out을 경험해보자.

- 지적호기심(직장인 투자자, 네이버 파워 블로거)

똑같이 직장인으로 시작해도 끝이 다른 이유

자산이 얼마 정도 되어야 '부자'라고 할 수 있을까? 사람들이 생각하는 부자의 기준은 시대별로 변화했다. 2000년대 초반 '텐인텐 Ten in ten' 열풍을 기억하는가? 10년에 10억 원을 모은다는 뜻으로, 그러면 부자가 된다는 재테크 프로젝트였다. 지금도 10억 원은 큰돈이지만 당시의 10억 원이 가지는 가치는 상당했다. 20평대 아파트가 강북은 2억 원, 강남권도 5억 원 이하였으니 말이다. 최근에는 어떨까? 잡코리아와 알바몬이 성인남녀를 대상으로 얼마가 있어야 '부자'라고 할 수 있는지, 사람들의 인식을 조사했다.[1] 그 결과, 사람들이 생각하는 부자의 기준은 해마다 점점 높아져 2016년도에는 32억 원이었으나, 2021년에 들어서는 17억이나 높아진 49억 원이 되어야 진짜 부자라고 인식했다.

NH투자증권에서 발행한 「2022 중산층 보고서」[2]를 보면 통계상 순자산 10억 원 이상만 되어도 상위 10%에 해당한다. 각종 SNS에서 활동하는 수십, 수백억 원대의 부자들 때문에 많아 보이지, 실제로는 그렇게 많지 않은 것이 현실이다. 주식 투자 통계를 봐도 마찬가지다. 한국예탁결제원에 따르면 개인 투자자 1인당 '평균' 주식 보유 금액은 7,245만 원이다. 그러나 여기에도 '평균'의 함정이 있다. 투자금이 1,000만 원 미만인 사람이 전체 투자자의 56.3%, 1,000~5,000만 원 이하인 사람이 23%, 5,000만 원 이하인 사람이 약 80%였다. 10억 원 이상의 투자금을 운용하는 사람들은 0.48%에 불과했다.[3] 온라인에서는 성공한 사람들이 더 주목을 받기 때문에 편향적으로 보이지만 이러한 통계가 현실이다.

직장인들 대부분은 보통 200~300만 원, 많으면 500만 원 정도의 월급을 받는다. 급여 상승률은 물가 상승률과 비슷하거나 약간 웃도는 수준이므로, 돈의 가치는 지금부터 퇴직 때까지 거의 비슷하다고 볼 수 있다. 이를 통해 근로소득자의 미래를 예측할 수 있다. 즉, 직장인이 오로지 근로소득에만 의존한다면 앞으로 모을 수 있는 금액이 얼마인지 계산해볼 수 있다는 뜻이다. 그리고 대부분은 이렇게 끝난다.

"아, 나는 부자가 될 수 없다."

그러나 분명 근로소득자임에도 유의미한 자산을 이룬 사람들이 주변에 한두 명씩은 있기 마련이다. 그런 사람들을 볼 때마다 하는 생각이 있다.

"똑같이 직장인으로 시작했는데 왜 끝은 다른 걸까?"

처음 이 생각을 했을 때, 고민 끝에 나온 결론은 다소 비관적인 운명론이었다. 하나를 해내기도 쉽지 않은데, 동시에 여러 개를 해내고 성과를 내는 사람들은 재능이나 특유의 감각 등 무언가 특별한 것이 있어서라 생각했다.

"대단한 성과는 대단한 사람들이 이룬다. 그런 사람들은 정해져 있다."

이런 생각 말이다. 그러나 나와 같은 직장인으로 시작해서 큰 자산을 쌓거나 성과를 이룬 사람들의 책, 강연 등을 접하면서 간혹 그들을 만나 대화하는 시간을 가지게 되었다. 그들을 찬찬히 뜯어보며 생각이 바뀌었다.

"이 사람들이 원래 대단한 게 아니라, 혹시 내가 게으른 건 아니었을까?"

이런 생각이 든 순간부터 관점을 약간 달리해 앞서간 사람들을 바라보기 시작했다. 성공한 사람들은 공식을 말하는 데 비해 오히려 실패한 사람들이 예외를 말했다. 성공한 사람들은 하나같이 "남들보다 가치를 창출할 수 있는 일을 찾아서 당신의 시간과 노력을 쏟아라"고 말했다. 실패한 사람들이 말하는 예외란 "노력도 재능이야. 대단한 사람들만 할 수 있는 거야"라는 식이었다. **애초에 성공한 사람도, 부자가 되는 사람도 소수다. 이왕이면 내가 되고 싶은 사람의 생각을 따라가야 하지 않을까?**

'작은 부자는 노력으로 가능하지만, 큰 부자는 하늘이 내린다'라는 말이 있다. 노력은 누구나 하지만, 큰 성과를 이루기 위해서는 운도 크게 작용한다는 걸 의미한다. 그러나 같은 말이라도 순서를 바꾸면 의미가 달라진다.

'큰 부자는 하늘이 내리지만, 작은 부자는 노력으로 가능하다.'

즉, 운이 나쁘더라도 노력하면 어느 정도의 부를 충분히 만들 수 있다. 운과 노력에 대한 가장 유명한 사자성어가 '운칠기삼運七技三'이다. 운이 칠 할이고, 재주나 노력이 삼 할이라는 뜻으로, 사람의 일은 재주나 노력보다 운에 달려 있음을 뜻한다. 이때 운이 먼저라고 생각하는 것과 노력이 먼저라고 생각하는 것의 차이는 극명하다. 대부분 노력의 기준인 '기삼技三'조차도 제대로 하지 못하기 때문이다. 몰라서 못 하는 걸까? 이미 사람들은 돈 관리와 재테크의 필요성을 절실히 느끼고 있고, 인터넷에는 재테크 정보가 넘친다. 알고는 있지만 실행하지 않고 실행한다 해도 지속하지 못한다. 2020년을 돌아보자. 코로나 팬데믹으로 인한 불경기를 살리기 위해 각국에서 금리를 인하하고 각종 지원금으로 시중에 돈을 일시에 살포했다. 이 시중에 풀린 돈이 주식 시장과 부동산에 몰려들면서 자산들이 폭발적으로 상승했고 이러한 자산 증식을 본 많은 사람이 투자 시장에 뛰어들었다. 그러나 2022년 인플레이션을 막기 위한 급격한 금리 인상으로 많은 자산이 큰 폭으로 하락했다. 나는 이런 상승기와 하락기 모두 경험하는 동안 꾸준하게 투자하며 블로그에 기록을 남겼는데, 방문한 사람들이 이를 보고 꼭 남기는 공통된 질문이 있다.

"어떻게 그렇게 지치지 않고 꾸준히 공부하고 투자하며 기록할 수 있나요?"

만약 내가 투자라는 행위 자체와 기록을 좋아하는 사람이라면 굳이 길게 설명할 필요가 없을 것이다. 좋아서 자연스럽게 하게 되었다고 하면 그만이니까. 그러나 나 또한 보통 사람과 별반 다르지 않다. 전업 투자자가 아닌 출근하는 직장인이자, 아이가 있는 육아빠로 매일 피곤하고, 쉬고 싶고, 눕고 싶은 마음을 이겨내며 공부하고 기록하고 있다. 다만 중도에 포기하는 사람과 다른 점이 있다면 투자를 위해 공부하고 정리하고 기록하는 일련의 과정을 꾸준히 할 수 있도록 시스템화했다는 것이다.

이 책에서 '사람들이 성공하기 어려운 이유와 공부에 대한 필요성을 알면서도 꾸준히 하지 못하는 원인'을 현실적인 시선으로 분석하고, 이를 '개인의 의지'가 아닌 '루틴과 시스템'으로 극복해 내고 목표를 달성하는 과정을 자세히 설명할 예정이다. 또한 직장인 투자자로서 실제 주식 시장에서 투자하며 얻은 경험을 바탕으로 '직장인의 강점을 살리는 투자법과 약점을 보완하기 위한 방법론'도 담았다.

아무리 좋은 내용이라도 움직일 마음이 없는 사람을 행동하게 만들 수는 없다. 그러나 먼발치가 아닌 한 걸음 앞서가며 노력하는 사람으로서 열심히 달릴 준비가 된 사람들에게 '조금 더 효율적으로 달리는 방법을 알려줄 수 있겠다'라는 생각으로 이 책을 집필하게 되었다. 오늘 하루도 게으름을 이겨내고 자신만의 길에서 정진하는 사람들에게 조금이나마 도움이 되길 바란다.

한걸음

차 례

1장   왜 항상 나의 투자는 실패로 끝날까

2장   의지가 아닌 투자 시스템이 손익을 좌우한다

3장   실전을 위한 직장인 투자자의 필수 루틴

4장   정체기를 벗어나 더 높이 도약하고 싶다면

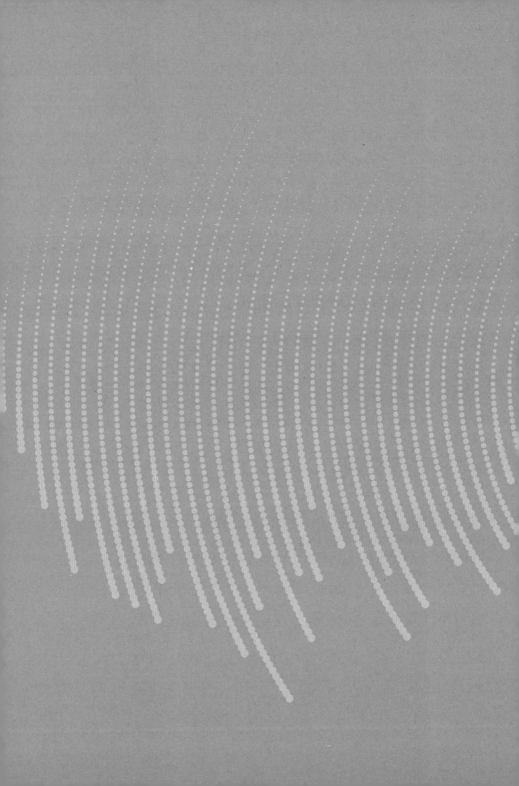

1장

왜 항상 나의 투자는
실패로 끝날까

사람들은 생각보다
돈에 미치지 않았다

"사람들은 생각보다 돈에 미치지 않았다"라고 말하면 대부분의
사람이 고개를 갸우뚱한다.

"아니 돈에 환장한 사람들이 얼마나 많은데, 돈에 미치지 않았
다고? 우리나라 사람들은 돈에 미쳤어, 겉으로만 안 그런 척하는
거라고!"

내 말에 이처럼 반응하는 사람들을 많이 봤다. 일반 사람들이
생각하는 '미쳤다'는 영어로 mad, insane이다. 탐욕, 광기에 가까
운 정신 이상을 의미하는 경우가 많다. '공짜라면 환장한다'라는
관점으로 돈을 바라보기 때문에 내 말에 반발하는 것이다. 여기
서 '돈에 미쳤다'는 말을 다시 정의해볼 필요가 있다. 평소에 대단

한 사람이나 퍼포먼스를 보고, "와, 미쳤다"라는 표현을 쓰지 않는가? 여기서 미쳤다는 의미는 crazy에 가깝다. 어떤 일에 놀라거나, 광적으로 좋아하는 것을 뜻한다.

진심으로 돈에 관심이 있고 미쳐있다면?

1) 돈 벌 방법을 쉴 새 없이 찾고

2) 효율적으로 소비하는 방법을 고민하고

3) 수중의 돈을 더 크게 굴리기에 몰두하며

4) 번 돈은 어떻게 유지할지 끊임없이 연구할 것이다.

이래야 돈에 미쳤다고 표현할 수 있다. 실제로 사업을 구상하는 사람이나, 경제적 자유로 향하는 사람은 1번부터 4번까지 생각하고 행동한다. 진짜 돈에 미친 사람을 만나면 "사람들은 돈에 미치지 않았다. 오히려 돈 모을 생각이 없는 것처럼 생활한다. 그러면서 공짜, 날로 먹는 것에는 환장한다"라는 생각이 들 수밖에 없다.

투자에 관심이 많고 투자 시장에 뛰어든 사람들의 숫자는 분명히 늘었다. 한국예탁결제원은 2022년 12월 결산에서 상장법인 2,509개의 주식 소유자(중복 제외)가 1,441만 명으로 전년 대비 4.1% 늘었다고 밝혔다.[4] 2022년 10월에 시장이 회복하자 다시 많은 사람이 하락장임에도 주식 투자에 뛰어들었다. 그들 중 본인의 노력과 시간을 투자해서 미친 듯이 돈을 좇는 사람은 과연 몇 명이나 될까? 대부분 본인의 노력과 시간을 크게 쏟지 않으면서 돈은 크게 벌고 싶다고 한다. 돈을 좋아하는 사람은 많아도 투자 공부를 미치도록 하는 사람? 흔하지 않다.

이른 아침부터 대중교통을 타는 사람들 거의 모두가 직장인일 것이다. 대부분 금전적으로 여유 있지 않으며 빠듯한 삶을 살아가고 있으므로, 돈에 관심이 많다면 직장을 다니면서 투자를 병행해야 하는 사람들이다. 그러나 대부분 출퇴근 대중교통에서 쇼핑하거나 유튜브를 시청하거나 SNS를 할 뿐, 공부는 고사하고 책을 읽는 사람조차 거의 없다.

구인·구직 매칭 플랫폼 사람인에 따르면 직장인 1,659명을 대상으로 직장인의 퇴근 후 모습을 설문 조사했다. 그 결과 1위는 직장에서 에너지를 다 쓰고, 집에서 아무것도 안 하는 '좀비형'(27.6%)이었고, 생각 없이 TV 시청 등을 하면서 멍하게 있는 '멍 때리기형'(19.9%)이 뒤를 이었다. 아무것도 안 하면서 휴식을 취하는 직장인이 절반(47.5%)에 가까운 셈이다.[5] 돈 버는 방법과 관련된 책, 미디어가 쏟아지는 세상에서 시간과 노력만 쏟으면 다양한 루트로 정보를 얻을 수 있는데도 실천하는 사람이 많지 않다. 있다고 해도 꾸준히 하는 사람은 더더욱 적다. 왜 그럴까?

노력 없이 큰돈을 벌고 싶은 사람들

사람마다 각자의 사정이 있겠지만, 사실 대부분은 그렇게 돈이 간절하지 않다. 돈이란 "아, 돈 많으면 좋겠다…" 정도의 희망 사항일 뿐, "한 번 죽기 살기로 미친 듯이 돈을 벌어야겠다" 마음먹고 실천에 옮기는 사람은 극소수다. 불편한 진실이다. 그 결과 '인스턴트식 투자'만을 원한다. '인스턴트식 투자'는 『세이노의 가르침』에서 등장한 표현으로 큰 노력 없이 쉽고 간편하게 돈 버는 방법만을 찾는 투자를 뜻한다. 인스턴트식 투자만을 좇으면 쉽게 돈을 벌게 해주겠다는 사기에 넘어가기 쉽고, 실제로도 타깃이 된다. 그래서 쉽게 시장에 뛰어들어 가볍게 공부하면 결국 큰 성과 없이 끝나거나 손실을 본다.

손실을 봤을 때 '어떻게 하면 실패로부터 배우고 손실 가능성을 줄일 수 있을까?'라고 생각하면 다행인데, 심지어 어떤 사람들은 다음과 같이 생각하기도 한다.

"투자해서 돈 버는 사람은 소수라고 하던데, 공부 안 하고 잃는 게 어설프게 공부하고 잃는 것보다 차라리 나은 거 아냐? 어차피 주식 투자는 도박이고 운이야."

놀랍게도 내가 실제로 들은 말이다. 나는 이 말이 한동안 머릿속에 맴돌았다. 이 사람이 왜 이런 말을 했을까, 이 사람의 심리는 무엇일까, 그 사람의 입장이 되어보려고 노력했다.

곰곰이 생각해봐도 타인에게 (심지어 투자 공부 중인 사람에게) 이렇게 말하는 것은 투자 공부를 하는 사람들의 노력과 시간을 폄훼하는 것이다. 그래야만 내가 노력하지 않는 것이 정당화되니, 자기 합리화를 위해 엉뚱한 결론을 내리는 것이다. 게다가 투자란 수익이라는 성과를 내기까지 끊임없는 공부와 복기, 자기반성이 이어져야 하므로 효율성을 따지는 것보다는 자신의 투자 실력을 개선하기 위한 공부 방향성이 중요하다.

어설프게 공부하고 잃는 것보다 공부 안 하고 잃는 게 낫다니? 이는 이미 자신이 실패할 것을 가정하고 투자에 임하고 있다는 뜻과 같다. 물론 투자에 있어서 내가 틀릴 수 있음을 가정하는 것은 중요하다. 모든 투자에 성공한다는 것은 불가능하기 때문이다. 그러나 '내가 실패할 수도 있다'와 '어차피 실패할 것이니 노력을 최소화하겠다'는 전혀 다른 이야기다.

블로그를 운영하면서 수많은 사람을 만났다. 투자에 대한 생각을 나누다 보니, 투자를 쉽게 생각하는 사람들과 돈에 진심인 사람들을 나눌 수 있었다. 둘의 특징을 간단히 비교해서 정리해봤다.

개인적으로 가장 싫어하는 말 중 하나가 "돈은 있다가도 없는 건데 너무 연연하지 마"라는 말이다. 이런 말을 하는 사람들치고

	투자를 쉽게 생각하는 사람	투자에 진심인 사람
돈이란?	있다가도 없는 것	노력한 만큼 가져가는 것
돈을 벌 방법을 찾을 때	효율성을 먼저 고민	가능한 방법인지를 먼저 고민
효율적인 소비란	싼가, 비싼가	필요한가, 필요하지 않은가
돈을 운용하는 방식	기대 수익률만 분석	최대 손실 금액을 먼저 검토
돈을 지키는 방법	크게 고민해본 적 없음	포트폴리오 운용

제대로 돈 있는 사람을 본 적이 없다. **돈은 통제 불가능한 것이 아니다. 단기적인 자산의 등락은 있을지언정 장기적으로는 결국 내가 노력하는 방향으로 모이게 되어있다.** 나를 포함한 내 주변인 중 돈에 진심인 사람들이 생각하고 행동하는 방향 또한 이와 유사하다.

한 가지 흥미로운 사실은, 투자나 사업으로 부자가 된 사람들을 살펴보면 중산층 가정에서 자란 경우가 별로 없다는 것이다. 어린 시절 가정 형편이 아주 좋거나, 나쁘거나 둘 중 하나였다. 상속 혹은 증여받아서 시작한 사람들은 당연히 유리할 것이다. 실제로 매년 발간되는 「한국 부자 보고서」에 수록된 통계자료를 보면 '금수저형'이 종잣돈을 모은 투자법의 73.8%가 '부모로부터의 지원이나 상속'을 통한 이전이었다.[6] 반면에 중산층보다, 평균 이하의 자산을 보유한 부모님 밑에서 자란 사람들 중에서도 막대한 자산을 형성한 사람들을 종종 볼 수 있었다. 이것이 가능한 이유는 바로 인간의 '위기의식과 욕망' 때문이다.

사람은 관성의 동물이다. 심리학적으로 사람들은 성공보다 실패하지 않는 것을 원하고, 행복한 것보다는 무탈한 것을 더 원한다. 긍정을 향한 것보다 부정으로부터 멀어지는 것에 대한 욕망이 더 크다는 뜻이다. 그러므로 먹고 사는 데 큰 지장이 없다는 것 자체가 아이러니하게도 도전을 주저하게 만드는 큰 요소가 된다.

'이대로 살아도 나쁘지 않으니까….'

현상 유지만 해도 괜찮다는 생각 때문에 그렇다. 크게 망하지도 않겠지만, 그렇다고 삶이 크게 나아지지도 않는다. 물론 그것이 잘못되었다거나 틀렸다는 게 아니다. 다만, 이런 안일한 생각이 '투자를 해야지' 생각만 하면서 행동으로 이어지지 않는 이유임을 깨우치자는 것이다.

항상 스스로 다짐하는 내용이 있다. 누군가의 대代에서는 뼈를 깎는 노력으로 부를 이뤄냈을 것이니 그 운명의 역할을 내가 짊어지고 해내야 한다는 다짐. **차원이 다른 성과를 내려면 차원이 다른 노력이 필요하다.** 투자로 역사에 한 페이지를 장식한 구루들이나, 평범하게 시작했으나 대단한 성과를 낸 투자자들의 인터뷰를 본 적이 있는가? 워런 버핏Warren Buffett은 인터뷰에서 이렇게 말했다.

"매일 500페이지씩 읽어라. 그것이 지식의 원리고, 지식은 복리처럼 쌓인다. 여러분 모두가 할 수 있다. 하지만 실제로 하는 사람은 많지 않을 것이라 장담한다."

자신의 본업보다 더 많은 투자 수익을 올리는 직장인 투자자들은 본업, 가족과의 시간 외의 남은 시간을 투자에 대한 생각과 공부로 일정을 빼곡하게 채우고 있다. 투자로 돈을 벌고 싶은 사람의 시선에서 봤을 때 저 사람들이 비정상일까?

정말 돈을 많이 벌고 싶은가? 돈에 진정으로 미쳐있는가? 아니면 그저 '돈이 있었으면 좋겠다…' 하면서 노력 없이 항상 푸념만 하고 있는가? 투자 시장은 게으른 사람에게까지 수익을 가져다줄 만큼 자비롭지 않다. 투자 성과에 대한 개선은 자신의 투자 태도를 스스로, 제대로 돌아보는 것부터 시작해야 한다. 스스로에게 물어보자.

"지금 하고 있는 것들, 나의 하루들… 이게 최선입니까?"

SNS를 통해 수억 원 혹은 수십억 원씩 벌었다는 사람들이 자주 등장하다 보니 '억' 단위 자산에 대해 실감하지 못하는 것 같다. **단군 이래 돈 벌 방법이 가장 '많아진' 시대는 맞지만 가장 '쉬운' 시대는 아니다.** 누구나 돈 버는 시대는 전에도 없었고 앞으로도 없을 것이다. **부는 오로지 그 성공을 위해 전념한 자의 몫이**

며, 설사 눈먼 것처럼 보이는 돈이 세상에 널려있다 해도 그 돈을
당신 주머니에 넣어줄 사람은 없다.

이 점을 명심하길 바란다. 주식 시장을 비롯한 모든 투기 시장에
서 활동하는 수백만 명의 투기자들 가운데 아주 극소수만이 자신
의 모든 시간을 바쳐 투기에 전념한다. 압도적으로 많은 대다수의
투기자들은 단지 운에 맡긴 채 아무렇게나 하다가 값비싼 대가를
치른다. 투기를 하든, 투자를 하든 성공은 그것을 위해 노력하는
사람에게만 찾아온다.   – 제시 리버모어

'투자는 운빨'이라는 말에
숨겨진 진짜 의미

우리 일상에서 일어나는 모든 일들은 비율의 차이일 뿐 운과 실력이 동시에 작용한다. '운도 실력이다'라는 말이 있을 정도로 운과 실력의 경계는 사실 애매모호하다. 그러나 『마이클 모부신 운과 실력의 성공 방정식』에서는 운과 실력을 비교적 명쾌하게 구분하고 정리했는데, 한 문장으로 요약하면 다음과 같다.

'일부러 질 수 있으면 실력의 영향이 큰 영역이고, 승패를 고의로 결정할 수 없으면 운의 비중이 큰 영역이다.'

이러한 개념을 바탕으로 유명해진 이미지 중 하나가 책 속에 나오는 '운-실력 스펙트럼 활동'이다. 스펙트럼의 오른쪽 끝에는 운보다는 실력이 승패를 결정하는 분야(체스, 바둑 등)가 왼쪽 끝

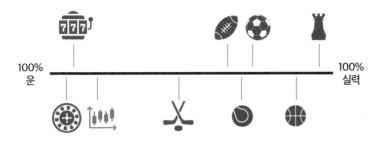

| 운과 실력의 스펙트럼 활동 |

에는 실력보다는 운이 좌우하는 분야(룰렛, 슬롯머신 등)가 있고, 그 외 많은 일이 이 사이에 존재한다. 위 그림을 보면 '운과 실력'의 이분법적 분류가 아니라 '스펙트럼'의 형태로 각 분야별 운과 실력이 어느 정도 더 영향을 주는지를 이해하기 쉽다.

여기서 투자는 운이 더 크게 작용하는 스펙트럼 부분, 우리가 흔히 말하는 '운칠기삼'의 위치에 표시되어 있다. **우리는 이 '투자에 있어서 운과 기술(실력)'을 어떻게 바라보고 현실적으로 적용해볼 수 있을지를 깊게 고민해야 한다.**

운칠기삼 vs 기삼운칠

프롤로그에서 '운칠기삼'을 언급했는데, 큰 성공을 거둔 사업가들조차도 '운이 따라주지 않으면 말짱 도루묵'이라고 말하는 사람들이 의외로 많다. 심지어 도박판의 타짜들조차 '승부는 운칠 기삼'이라는 말을 쓴다. 한마디로 인생살이에서 인간의 능력 또는 노력이 3이면 신의 섭리, 운, 운명적인 부분이 7이란 이야기다. 그래서 '운칠기삼'이라는 말은 인생사의 큰 부분이 운에 달려 있어서 인간의 노력만으론 되지 않는다는 체념적 운명론의 뜻으로도 쓰인다.

그러나 용어의 유래를 찾아보면 본래의 뜻이 전혀 다르다는 사실을 알 수 있다. 운칠기삼의 유래는 청나라 문인 포송령蒲松齡의 『요재지이聊齋志異』에 수록된 소설의 일화라고 전해진다. 어떤 한 선비가 과거 시험에 낙방을 거듭해 패가망신에 이르자 옥황상제에게 그 연유를 따졌다고 한다. '왜 변변찮아 보이는 다른 사람은 버젓이 과거에 급제하는데 나는 안 되느냐'라고 말이다. 옥황상제는 그 말을 듣고 '정의'의 신과 '운명'의 신에게 술 내기를 시켰고 둘 중 이기는 사람의 뜻을 받아들이자고 제안했다. 그 결과 정의의 신은 세 잔밖에 마시지 못하고, 운명의 신은 일곱 잔을 마신다. 선비가 체념하려고 하자 옥황상제는 선비에게 세상일의 7할은 운명이 지배하지만, 나머지 3할은 정의와 합리가 지배하니 운명 탓만 하지 말라고 답한다.

요컨대 모든 일이 실력대로 결판나는 것은 아니지만 그렇다고 운에만 기대지 말고 스스로 노력을 다하라는 교훈을 담고 있다.

운칠기삼이라는 뜻은 사실 운명론보다는 사실상 인간으로서 해야 할 일을 다하고 나서 하늘의 명을 기다린다는 '진인사대천명盡人事而待天命'의 의미에 가까운 것이다.

이러한 의미로 이언투자자문의 박성진 대표는 투자에 있어서 운과 실력을 약간 다른 견해로 바라볼 것을 주문한다. 운이 많이 작용하는 분야는 맞으나, '운칠기삼'이 아닌 '기삼운칠'로 바라보자고 말이다. **운, 통제 불가능한 시스템의 영역이 70%, 통제 가능한 영역이 30%이지만 통제 가능한 30%를 가장 앞에 두고 더 집중을 하자는 것이다.** 결국 인생이나 투자나 운과 실력의 조화가 가장 중요하다는 이야기다.

추가로 '행운幸運'이라는 단어의 한자 뜻을 찾아보면 흥미롭다. '옮길 운運'자를 쓰기 때문이다. 투자라는 행위를 운전에 비유하면 운은 인프라다. 운전자가 정할 수 없고 따라야 하기에 좋은 길도 나쁜 길도 만날 것이다. 어차피 가야 할 목적지가 있다면 길이 불편하다고 탓하기보다는 좋은 길에서는 편하게 운전하고 좋지 않은 길에서는 더 조심하며 결국 목적지를 향해 가지 않는가? 게다가 아무리 아스팔트가 잘 깔린 도로를 주행한다고 해도 운전자의 실력이 부족하다거나, 수면 부족 등 컨디션 관리를 제대로 못 했다면? 제대로 운전할 수 없다. 결국 운이 좋아도 노력이 따르지 않으면 문제가 생길 수밖에 없다. **실력으로 개선할 수 있는 부분**

은 최대한 개선하고, 운은 평균으로 수렴하도록 만든다. 그것이 운과 실력을 제대로 바라보고 대응하는 올바른 자세다.

운칠기삼, 운이 과대 평가되었다?

나심 니콜라스 탈레브Nassim Nicholas Taleb의 『행운에 속지 마라』 및 앞서 언급한 『마이클 모부신 운과 실력의 성공 방정식』에서는 성공에 있어서 운이 너무 과소평가 되었다고 강조한다. 투자에서 운의 비중이 실력보다 크다고는 했는데, 운과 실력의 비중이 정말 7:3일까? 운의 비중이 높다는 건 인정하지만 오히려 운이 과대 평가 되어있는 부분 또한 존재하는 것이 아닐까? 투자 방식에 따라 이 비중을 바꿀 수는 없을까? 운과 실력을 다루는 접근 방식에 대해 다시 생각해보자. 투자를 이루는 요소를 분해하고 자신만의 관점으로 정의해보는 것이다. 다음의 그림을 보자.

통제할 수 있는 것(실력의 영역)은 리스크 관리, 투자 비용의 관리와 운용, 투자 기간의 설정, 어떤 상황이 발생했을 때의 대응 등이다. 반면 통제할 수 없는 것은 투자 대상의 수익률이다. 주식의 가격은 장기적으로 이익에 수렴한다고 하지만, 그 시기를 결정하거나 판단할 수는 없기 때문이다. 사람들은 통제할 수 있는

통제 할 수 있는 것	통제 할 수 없는 것
리스크 비용 시간 행동	수익률

| 통제할 수 있는 것과 없는 것 |

것에 신경을 적게 쓰고, 통제할 수 없는 수익률에 집착하는 경향이 있다. 통제할 수 있는 것들에 집중하는 투자를 하면 실력을 쌓는 노력을 하는 것이나, 수익률에 집중하는 투자를 하면 운에 대한 의존도를 높이는 것이다.

따라서 어떤 방식으로 투자를 다루느냐에 따라 누군가에게는 주식 투자가 운 100%인 게임이 될 수도 있고, 운 50%, 실력이 50%에 가까운 게임이 될 수도 있다. 그러므로 운이 얼마나 크게 작용하는지를 염두에 두되 소위 '운빨'에 기대는 것이 아니라, 운과 실력을 통제하려면 어떤 생각으로 접근해야 하는지를 고민해야 한다. **결론부터 이야기하자면, 실력의 영역에서는 체계적인 노력이 중요하지만, 운의 영역에서는 반복이 가능한 구조를 만드는 관점으로 접근하는 것이 중요하다.**

먼저, 실력이 주로 작용하는 분야에서는 코치나 교사를 통한 체계적인 훈련을 통해서 실력을 크게 향상시킬 수 있고, 이는 성공의 방정식이 된다. 실력이 크게 작용하는 분야는 아마추어가 프로를 이길 수 없기 때문이다.

흔히들 투자를 골프와 비교한다. 패자의 게임Loser's game의 대표적인 케이스가 골프다. 홀인원을 한다면 남들보다 앞설 수 있겠지만 홀인원만 노리고 샷을 하는 프로 골퍼는 없다. 대신 파par를 목표로 하고 실수를 줄이면서 버디 확률을 높여가는 게임으로 운용한다. 투자도 이와 마찬가지다. 결과보다는 목표를 향한 과정이 중요하며 실수하지 않을 체크리스트를 떠올려야 한다. 운적인 요소는 동일하다고 가정했을 때 결국 실수를 얼마나 안 하느냐에 따라 승패가 갈린다.

실수를 줄이는 과정의 핵심은? 바로 본인의 투자 철학과 방법으로 투자에 성공하는 사례를 경험하는 것이다. 그리고 반복해서 수익을 만들어내는 경험을 쌓아가는 것이 중요하다. 그리하여 마지막으로 실천의 결과물들로 체크리스트를 작성하고 종목을 선정하는 것이 실수를 피할 확률을 높일 수 있다. 이는 투자의 대가들이 공통으로 말하는 것이기도 하다.

운이 크게 작용하는 투자 분야에서는 성공이라는 것이 실력에 좌우되지 않는다. 흔히 투자의 세계에는 공식이 없고 현상만 있다고 표현하는 이유도 다양한 참여자, 다양한 이벤트 등으로 예측이 어려운 비선형적(복잡계)이라는 특성 때문이다. 그러므로 운의 요소를 높이기로 했다면 반복적으로 베팅하는 구조를 설계해야 한다. 내가 노력으로 승률을 높일 수 없기 때문에 될 때까지 시도해야 한 번이라도 성공할 수 있다. 예를 들면 이런 것이다.

"원금 손실 위험은 제로에 가깝게 하고, 수익만 나는 포트폴리오를 설계할 수 있을까?"

답은 "YES"다. 예금자 보호가 되는 한도 5,000만 원으로 예금을 하고, 거기서 나오는 이자 금액으로만 투자하거나 로또를 산다. 이러면 원금의 손실 확률은 제로에 가깝고, 투자 수익이 크게 터지거나 로또에 당첨이 된다면 수익을 낼 수 있는 구조이므로 가능한 포트폴리오다. 본인이 운에 자신 있다면 이런 포트폴리오를 구상하는 것이 이론적으로 타당하다. 그러나 자신의 운을 믿는다고 하면서 이런 식으로 투자하는 사람은 없다. **투자에 있어서 '기대'란 기댓값**expectation**을 뜻하는 것이지, 단순한 희망**hope**이 아니라는 사실을 잊어서는 안 된다.**

운에 대한 이중잣대를 버려라

투자에 있어서 '운'에 대한 이중잣대를 버려야 한다. 예를 들어, 어떤 소년 소녀 가장이 열악한 환경을 딛고 낮에는 공장에서 일을, 밤에는 열심히 공부해서 서울대학교에 입학했다는 소식을 봤다고 생각해보자. 대부분의 사람들은 '와 정말 대단하다. 인간승리다' 정도까지만 생각한다. '나도 노력하면 저만큼 될 수 있겠다' 혹은 '불가능이란 건 없구나'라고 생각하지 않는다. 대부분 수험 생활을 겪어봐서 그 과정을 알고 운이 아닌 실력, 그리고 공부머리는 재능의 영역을 포함한다는 사실을 알고 있기 때문이다. 그래서 '개천에서 용 나온 사례'라고 치켜세우며, 그것들은 굉장히 소수의 사례라고 인정하고 수긍한다.

반면, 1,000만 원으로 투자를 시작해서 수십억 원의 자산을 만들었다는 뉴스나 인터뷰를 봤다고 생각해보자. '와 정말 대단하다. 인간승리다'라는 생각뿐만 아니라 그에 더해서 '나도 할 수 있지 않을까?'라고 쉽게 생각한다. 다소 이중적인 태도가 아닐까? 분명 그 해당 성공 사례의 사연자 또한 공부와 마찬가지로 투자 재능과 엄청난 노력이 결합된 성과인 것은 마찬가지일 텐데 말이다.

왜 그럴까? 기본적으로 본인이 해보지 않은 것에 대한 환상과 탐욕이 작용한 것이다. 대부분 투자 경험이 적은 사람들의 경우, 투자라는 일련의 과정(기업 분석, 매수, 보유, 매도 등)을 제대로, 깊게 해본 적이 없기 때문이다. 게다가 '투자는 운이 크게 작용한다'는 명제를 '그 운의 대상자가 나일 수도 있지 않나?'라고 착각한

다. 쉽고 빠르게 돈을 벌고자 하는 탐욕과 운에 대한 착각, 자기
과신이 결합되었을 때, 재앙 같은 투자 실패의 결과를 만들어낸
다. 투자에 성공하는 사람과 실패하는 사람의 가장 큰 차이점이
여기서 나타난다. '돈을 버는 사람들은 자신이 잃을 확률과 금액
을 먼저 계산하지만, 돈을 잃는 사람들은 자신이 크게 잃을 수 있
다는 생각 자체를 거의 하지 않는다'는 점을 잊으면 안 된다. 우
리가 투자에 있어서 '운'의 요소가 크게 작용한다는 건 행운일 수
도 있지만 반대로 불운일 수 있음을 명심하자. 투자나 사업을 큰
성공을 거둔 사람이 말하는 '운이 좋았습니다'라는 말 속에는 진
짜 운이 좋았다는 것이 아니라 '노력은 당연히 하는 것이고 운까
지 따라 줬기에' 가능했다는 뜻이다.

운과 실력의 방정식

실력 없음 + 불운 = 큰 실패

실력 없음 + 작은 운 = 작은 실패

실력 없음 + 큰 운 = 작은 성공

실력 + 불운 = 작은 실패

실력 + 작은 운 = 성공

실력 + 큰 운 = 큰 성공

이렇게 운과 실력을 결합해서 바라보며, 통제 가능한 것에 집중하라는 것. 그것이 성공한 투자자들의 공통점이다.

시간을 두고 냉정히 판단하며 행운까지 따라준다면 장기간 성공적인 투자가 가능하다. 그러나 행운은 한순간에 재앙으로 돌변할 수 있으며, 이것이 투자 게임의 본질이다.　　**– 존 네프**

비이성적인 거래로 만드는
투자 심리에 대해서

경기는 호황과 불황을 반복하는 사이클적인 특성이 있고, 일반적인 투자 이론의 경우 금리와 경제성장률, 통화량 등 경제 지표를 위주로 설명하는 경우가 일반적이다. 개인적으로 좋아하는 투자 구루 중 한 명이 앙드레 코스톨라니Andre Kostolany다. 그는 투자에 있어서 가장 중요한 것은 지능보다 투자자의 심리라고 주장하며, 시장 참여자들의 심리에 따른 투자 자산의 가격 모형(코스톨라니의 달걀 모형 이론)을 제시한 것으로 유명하다. 사이클을 6개의 국면으로 분류하고 각 국면별 적합한 투자 자산군을 제시한 것뿐만 아니라, 각 구간에서의 시장 참여자들의 심리를 같이 표시한 점이 차별화 포인트다.

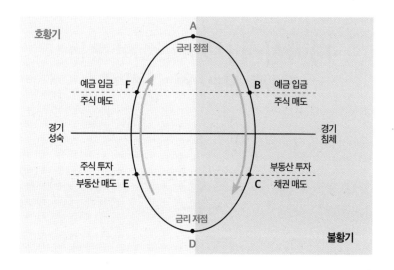

호황기

A
금리 정점

예금 입금　F　　　　　　　B　예금 입금
주식 매도　　　　　　　　　주식 매도

경기
성숙　　　　　　　　　　　　　　경기
　　　　　　　　　　　　　　　침체

주식 투자　　　　　　　　　부동산 투자
부동산 매도　E　　　　　C　채권 매도

금리 저점

불황기
D

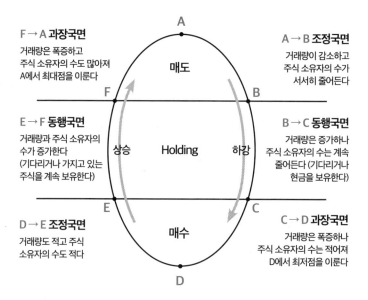

F → A 과장국면

거래량은 폭증하고
주식 소유자의 수도 많아져
A에서 최대점을 이룬다

A

매도

A → B 조정국면

거래량이 감소하고
주식 소유자의 수가
서서히 줄어든다

F

E → F 동행국면

거래량과 주식 소유자의
수가 증가한다
(기다리거나 가지고 있는
주식을 계속 보유한다)

B

상승　　Holding　　하강

B → C 동행국면

거래량은 증가하나
주식 소유자의 수는 계속
줄어든다 (기다리거나
현금을 보유한다)

E

D → E 조정국면

거래량도 적고 주식
소유자의 수도 적다

C

매수

C → D 과장국면

거래량은 폭증하나
주식 소유자의 수는 적어져
D에서 최저점을 이룬다

D

| 코스톨라니의 달걀 모형 이론 |

사실 투자의 원칙은 단 하나다.

"쌀 때 사서 비싸게 판다."

그러나 이 한 줄의 원칙을 지키기가 너무나 어렵다. **왜 그럴까? 결국 가치에 대한 책정은 어느 정도 정답이 있으나, 가격에 대한 의사결정은 전적으로 투자자의 심리에 달려 있기 때문이다.**

투자 판단에 작용하는 심리학적 오류들은 상당히 많다. 이 책에서는 개인 투자자들이 경험하는 대표적인 심리학적 오류 네 가지 '사후확신편향', '생존편향', '앵커링 효과', '확증편향과 소유편향'에 대해 다뤘다. 이론적인 부분보다는 투자자들이 경험하는 실전적인 감정 부분 위주로 소개할 것이므로 편향에 빠지지 않게 사전 예방하는 관점으로 읽어보자.

판단이 잘못된 것이 아니라 판단의 방법이 잘못된 것이다.

– 마이클 모부신

"나는 그렇게 될 줄 알았어"
사후확신편향

'사후확신편향'이란 사람들이 어떤 일이 발생하고 나면 마치 그 일이 일어날 것을 알았던 것처럼 착각하는 심리를 뜻한다. "아, 나도 알았었는데", "나는 그럴 줄 알았어" 같은 말들이다. '선견지명先見之明'이라는 단어와 반대 의미로서 '후견지명後見之明'이라 표현하기도 한다. 이러한 '후견지명'은 주변에서도 쉽게 관찰할 수 있다. 그러나 과연 진짜 알았을까? 투자 의사 결정 과정은 일반적으로 다음과 같다.

① 투자 대상의 존재 파악, 아이디어 도출

② 투자 대상의 개별적 분석과 산업에 대한 이해

③ 가치 평가

④ 의사결정 후 자본 투입

대략 위와 같은 순서로 진행되는 과정에서 각 단계 중 무언가 부족했기 때문에 투자가 제대로 이루어지지 않은 것이다. 어디가 문제였을지 단계별로 간단하게 짚어보자.

① 대상 존재 파악, 아이디어 도출

투자 대상의 존재를 인지하고, 투자 아이디어를 발굴하는 단계다. 여기서는 두 가지 요소가 중요하다. 첫째, 내가 스스로 발견했는가, 아니면 남으로부터 투자 아이디어를 들었는가. 둘째, 이 아이디어로 인터넷에 검색했을 때 비슷한 내용이 있는가.

두 가지로 나눈 이유는 각각의 투자 접근 방식이 다르기 때문이다. **남들이 모르는 아이디어라면 그 아이디어를 검증하는 데 힘을 실어야 하고, 이미 남들이 많이 아는 아이디어라면 투자 시점을 정하는 데 공을 들여야 한다.** 내가 어느 부분에서 남들보다 우위를 점할 수 있는지를 이 단계에서 결정해야 한다.

② 투자 대상의 개별적 분석과 산업에 대한 이해

이 단계에서 '들어봤다'와 '안다'의 차이가 나뉘게 된다. 남에게 '설명할 수 있으면' 아는 것이고, '설명할 수는 없으나 이해했다' 수준이라면 모르는 것이다. 개별적 분석뿐만 아니라 해당 산업에 대한 이해가 필수적이기 때문이다. 부동산은 물론이고, 주식시장 또한 산업의 사이클이 가격 결정에 큰 영향을 주는 경우가 많아서 단순히 이해하는 것에서 그치는 게 아니라 누군가에게 설명할 수 있을 정도로 산업 전체를 파악해야 한다. 최소한 공급자 영역이 중요한지, 수요자 영역이 중요한지는 알아야 한다. 대표적으로 주택 시장과 반도체는 공급자 영역이 중요한 부분이며(법적 규제가 있거나 수요가 꾸준한 산업), 화학·철강·자동차·IT 등은 수요가 중요한 산업이다(경쟁이 심하고 경기 영향을 많이 받음). 제아무리 일류 기업이라도 산업 자체가 어려우면 한계가 존재하기 때문이다.

③ 가치 평가

투자 대상과 산업의 특성을 이해했으면, 분석을 통해 해당 투자 대상이 비싼지, 싼지를 평가해야 한다. 가치 평가 방식은 너무나 다양하고 정답은 없다. 다만 자신의 기준은 세워야 한다. 나의 경우에 주식 평가는 상대적 평가 방식(기업의 이익 대비 시가총액 및 금리 대비 요구 수익률), 부동산은 역사적 평균가(소득 대비 집값 및 전세가율)를 참고해서 가치를 평가하는 편이다. 스스로 가치를 매길 수 없다면 매수하지 않는다.

④ 의사결정 및 자본 투입

의사결정의 단계는 보통 '매수한다 혹은 매수하지 않는다' 두 가지로 나눌 수 있는데 이것은 부동산에 한정된 방식이며, 주식 투자에서는 몇 가지 방식이 더 추가된다. '나눠 산다' 그리고 '묶음으로 산다'라는 방법이 있기 때문이다. 나눠 산다는 것은 '가격 분할 매수'와 '시점 분할 매수' 방식을 선택할 수 있다. 예를 들어, 현재 1만 원인 주식을 1,000주 매수한다면 매달 100주씩 10개월에 나눠서 매수하는 것이 '시점 분할 매수' 방식이다. 그리고 1만 원에서 30%, 여기서 주가가 더 하락하거나 상승할 때의 시나리오를 가정해두고, 나눠 사는 방식이 '가격 분할 매수'다.

	2017년 비트코인	2018년 서울 부동산	2020년 주식
① 대상 인식	O	O	O
② 시장 분석	X	O	O
③ 가치 평가	X	O	O
④ 의사 결정	X	O	O
자본 투입	X	X	Δ
비고	대상은 인식했으나 암호화폐에 대한 이해가 부족해 투자하지 못함.	인식 후 임장을 통한 분석, 가치 평가까지 완료했으나 레버리지에 대한 부담감으로 매수하지 못함.	폭락장에서 투자했으나, 폭발적 유동성 장세에서는 저평가주보다 고성장주가 더 크게 오른다는 사실을 간과해 매수 비율을 높이지 못함.

개인적으로 과거에 아깝게 놓쳤던 투자 기회들을 위에 언급한 기준으로 복기해봤으며, 그 내용을 요약하면 위의 표와 같다.

이런 식으로 복기해보면 내가 알았는데 투자를 안 했던 것인지, 아니면 실력 부족으로 투자를 못해서 놓쳤는지를 구별할 수 있어서 새로운 매수 기회가 왔을 때 같은 실수를 하지 않게 된다. **이렇게 해도 모든 투자 기회에서 성공할 수는 없다. 그러나 같은 실수를 반복하는 것은 문제가 있다.** 이런 문제는 '아, 알았었는데' 하고 단순히 넘어가거나 외부 요인을 탓하면 절대로 나아지지 않는다. 기회가 몇 번 와도 똑같이 후회할 수밖에 없으므로 객관적으로 평가하고 보완해야 한다. 놓쳤다고 생각한 것들에 대해 의사결정의 근거, 이유를 반드시 복기해보는 습관을 갖도록 하자.

비관론자는 모든 기회에서 어려움을 찾아내고, 낙관론자는 모든 어려움에서 기회를 찾아낸다. **– 윈스턴 처칠**

"따라 투자하면 당신도 억대 수익"
생존편향

'생존편향Survivorship bias'이란 말 그대로 '살아남은 것'만 보기 때문에 생기는 판단의 오류를 의미한다. 이를 잘 설명하는 유명한 사례로 '미 해군 전투기의 개선 프로젝트'가 있다. 제2차 세계대전 당시, 미 해군은 전황을 유리하게 만들기 위해 전투기의 개선 방안을 연구하는 프로젝트를 진행했다. 전투에서 귀환한 전투기를 대상으로 대공포의 총알이 어느 부위에 주로 박혔는지를 조사한 후, 통계를 내고 이를 바탕으로 전투기의 방어력을 보완하는 연구였다. 통계 결과, 꼬리 날개, 중앙 몸통, 앞날개 양 끝단에 주로 피격되었음을 알 수 있었다. 연구원들은 이 통계를 바탕으로 주로 피격된 부분에 철판을 보강하고자 했다.

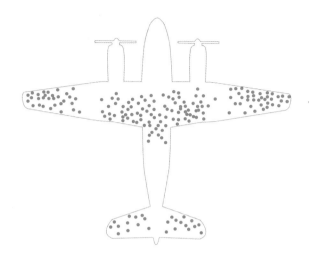

| 귀환한 전투기에 주로 피격된 부위 |

　그런데 헝가리 출신의 통계학자 아브라함 왈드Abraham Wald가 이에 반박하며 피격이 거의 기록되지 않은 엔진, 조종석, 프로펠러 부분을 강화해야 한다고 주장했다. 이 부분이 피격되면 전투기가 추락했기 때문에, 애초에 통계 모수에서 빠졌다는 것이다. 파괴되거나 추락한 전투기까지 조사를 했어야 정확한 원인을 파악할 수 있는 것인데, 미 해군은 무사히 귀환한 전투기들만 연구 대상으로 조사해서 이런 실수가 나온 것이었다. 이후 통계학에서는 이러한 실수를 '생존편향'이라 부르며 통계적 오류의 대표 사례로 설명한다.

생존편향 오류의 핵심 원인은 '순환 참조와 후광 효과'이며, 투자에 있어서 생존편향의 오류는 일반적으로 다음과 같은 순서로 진행된다.

① 성공한 투자자가 나와서 특정한 방법으로 투자해 돈을 벌었다고 말한다. 그리고 이 투자법을 따라 하면 당신도 나처럼 돈을 벌 수 있다고 한다. 그에 대한 증거는 바로 자기 자신이다. (순환 참조)

② 대게 그러한 방식은 상승장이기 때문에(혹은 진짜 초과수익을 내는 방법이거나) 당분간은 잘 맞는다. 그러면 투자법과 논리에 대한 반응이 좋아지며 추종자가 생긴다. 같은 방식으로 같은 자산을 사는 사람이 늘어나니 가격은 상승하며, 이러한 현상이 반복된다.

③ 이 단계에서 기존 투자법을 공부하고 투자한 사람 이외에 무작정 추종하는 맹목적 투자자들이 생기기 시작한다. 깊게 고민할 필요 없이 대충 따라만 해도 수익이 나기 때문이다. 이러한 현상이 강해질수록 점점 더 영향력 또한 강화된다. (후광 효과)

④ 그러나 영원한 상승은 없는 법. 대세상승장이 끝나거나, 추종자들이 더 이상 늘어나지 않는 상태(이른바 살 사람 다 샀다)가 되면 결국 상승을 멈추고 하락하게 된다. 결국 끝자락에서는 투기적인 자금이 몰리며 폭발적인 상승을 했기 때문에 하락폭도 급격하게 커지며, 손절 구간을 놓친 투자자들은 비자발적 장기투자자로 남게 된다.

⑤ 그래도 내재가치가 어느 정도 있는 기업이거나 너무 비싸지 않은 밸류에 투자했다면 괜찮겠지만, 테마성 상품에 그저 추종매매를 한 경우에는 회복이 어렵다. 게다가 스스로 올바른 투자를 하지 않았다는 생각에 어디 가서 말도 못 한다. 이른바 '죽은 자는 말이 없다'는 말과 연결된다.

⑥ '해당 시장에 영웅이 탄생하면 그 시장은 버블이다'라는 명언을 다시 한번 되새기며, 투자 광풍이 끝난다. 이러한 현상이 몇 년 주기로 반복된다.

다른 사람의 투자 방식을 벤치마킹하거나 모방하려는 행동 자체가 잘못되었다는 것이 아니다. 장기간 검증되고 성공한 투자법을 배우는 것은 오히려 바람직하다. 다만 생존편향의 오류를 범하며 무분별하게 받아들이는 것이 문제다. 라쿤자산운용 홍진채 대표는 투자법을 배우려는 대상을 정할 때 참고할 세 가지 기준을 제시했다.

투자 롤모델 체크리스트

1) 공식적인 기록으로 자신의 자산 규모를 입증할 수 있으며, 장기간 검증된 방식으로 투자했는가?

2) 투자법을 배울 수 있는 공식적인 자료(강의, 책 등)가 있는가?

3) 복제 가능한 방법인가?

생존편향이 주는 효과로 투자 롤 모델을 정하는 것이 아닌 위의 같은 가이드라인을 통해 투자법을 정하고 제대로 공부를 해보는 것을 추천한다.

전문가(중개인)의 조언이라고 믿을 만한 건 아니다. 추천종목을 보고 투자하지 말라. 확실한 정보란 없다.　　**－ 니콜라스 다비스**

"더 싼 가격에 봤었는데"
앵커링 효과

투자를 하다 보면 지속적으로 매수, 홀딩(보유), 매도의 의사결정을 하게 되는데, 이때 이 의사결정을 방해하는 심리적인 오류가 '앵커링 효과Anchoring effect'와 '확증편향'과 '소유편향'이다.

먼저 앵커링 효과란, '처음 접한 정보가 기준점이 되어, 그 기준점을 중심으로 약간의 미세조정만 거치며 비합리적인 판단을 내리게 되는 현상'이다. 투자에 있어서 대표적인 앵커링 효과는 '처음 본 투자 대상의 가격'이 의사결정에 미치는 영향이다. 예를 들어, 내가 처음 주식을 시작했던 2017년 당시에 SK하이닉스의 주가는 5만 원대(시가총액 40조 원)였다. 그리고 6년 후, 2023년 주가는 11만 원 대(시가총액 80조 원)를 넘겨 2배 이상 올랐으며,

2024년 3월 기준 18만 원까지(시가총액 약 130조 원) 상승했다.

어떤 사람은 이를 보고 '주가가 2배 이상 올랐네, 비싸졌네'라고 판단하며 매수하지 않을 수 있다. 단순히 처음 봤던 가격 대비 변동 폭만 생각하는 것이다. 반면, 기업 가치 평가에 대한 공부를 한 사람이라면 다르게 판단할 것이다. "SK하이닉스가 속한 반도체 산업은 시클리컬cyclical 특성을 보이니까, 대략 주당 순자산BPS에 주가순자산비율PBR을 곱하면 적정 주가 범위가 나오겠구나"라는 판단을 내릴 수 있다. 과거 SK하이닉스의 PBR 밴드는 0.8배 ~1.6배 수준으로 시장 가치를 받았음을 알 수 있다. BPS 관점에서 2017년 말 기준 SK하이닉스의 BPS는 47,897원이었고 2022년 말에는 92,004원으로 약 2배가 올랐고 주가도 그만큼 상승했으니, 비싸진 게 아니라 정상적인 가격 범주 내에서의 변화라고 할 수 있다.

행동경제학의 대가이자 노벨경제학자 수상자 대니얼 카너먼 Daniel Kahneman교수는 앵커링 효과에 대해 이렇게 설명했다.

"우리가 사람들에게 앵커링 효과에 대해 차근차근 설명한다 해도 그 효과의 영향력이 크게 달라지지 않는다."

즉, 이러한 효과를 몰라서, 무지함에서 오는 것이 아니라 의사

결정 체계가 잘못되어 있다는 것이다. 더 쉽고 현실적인 사례로 부동산 투자가 있다. 예전에 내 집 마련을 고민하다가 포기했던 집의 가격을 떠올려보고, 현재 거래되는 가격을 찾아보자. 그리고 그 부동산의 적정가치가 9억 원이라고 하자. 처음 본 가격이 5억 원이었고 지금 7억에 거래된다면 2억이 올랐어도 사야 한다. 그러나 머리로는 알고 있어도 매수를 꺼리게 된다. "내가 더 싼 가격에서 봤었는데, 저 가격에서 매수했으면 이익이 얼마야?"라는 생각이 깔려있기 때문이다. **내가 처음 얼마에 봤었는지, 얼마나 빨리 알았는지는 투자에 있어서는 아무런 의미가 없다.** 그렇다면 앵커링 효과의 함정에서 벗어나기 위한 판단을 하려면 어떤 요소들이 필요할까?

앵커링 효과에서 빠져나오는 법

가격만 기준으로 삼으면 오를 때는 끝없이 오를 것 같은 생각이 들고, 내려갈 때는 한없이 내려갈 것 같은 생각이 든다. 합리적인 판단이 아닌 직관적이고 추세적인 사고로 인한 오류다. **과거에 얼마였는지는 전혀 중요하지 않다. '이제 얼마로 평가받을 수 있는가?'만이 중요하며, 결국 가격은 표시되어 있지만 가치는 표시**

되어 있지 않기 때문에, 보이지 않는 '본질 가치'라는 것을 수치화할 수 있는 방법론이 있어야 한다. 물론, 가치 평가 방법에는 여러 가지가 있으며, 가치 대비 적정한 가격이라는 것은 '정확한 가격이라는 점point'으로 표시되는 게 아니다. 그러므로 '적정한 수준의 가격대, 범위band'라는 것을 인식하고 추정하는 작업이 앵커링 효과를 벗어나기 위한 사고체계 수립의 첫 단추가 된다. 주식에서의 PER, PBR, ROE, OPM 같은 지표들로 밴드 차트를 그리거나 부동산에서 PIR, 전세가율, 자가보유비율 등의 주요 지표들로 범위를 그려보는 것이 중요하다. 내가 관심 있는 투자 자산군들을 이러한 방법들을 이용해서 '범위화' 시켜보자. 그렇다면 한 점을 찍었던 '앵커링 효과'에서 자연스레 멀어질 수 있다.

주식시장에는 가격에 대해서는 모든 것을 알지만, 가치에 대해서는 아무것도 모르는 사람들로 가득하다. **– 필립 피셔**

"내가 샀으니까 올라야 해" 확증편향과 소유편향

앞서 언급한 '앵커링 효과'가 '매수' 결정에 영향을 주었다면 확증편향과 소유편향은 홀딩 및 매도 판단에 오류를 일으키는 대표적인 심리적 오류다. 흔히 정치나 종교 분야에서 많이 언급해서 다른 오류들보다 비교적 널리 알려져 있다.

> **확증편향** : 자신의 신념과 일치하는 정보는 받아들이고, 일치하지 않는 정보는 의도적으로 무시하는 심리.
>
> **소유편향** : 일단 소유하게 되면 그렇지 않을 때보다 더 큰 가치를 부여하는 심리.

이러한 심리적 오류가 투자에 잘못 작용되어 실패 사례로 남는 순서는 보통 다음과 같다.

뉴스나 온라인 정보 등을 통해 어떤 투자 대상에 대해 관심을 가짐 → 잘 모르겠지만 가격을 보니 이미 충분히 많이 올랐다고 판단 → 거품이니까 금방 떨어질 것이라 예상하지만 지속적으로 상승 → 찾아보니 많은 사람들이 수익을 내고 있고 전망도 좋다고 함 → 지금 사도 되나요? 묻기 시작 → 고민하는 시간 동안에 계속 상승함 → 찾아보면 호재 만발 → 단기로라도 짧게 투자해서 수익 내자 하고 덥썩 매수 → 상승세 둔화 → 횡보 이후 하락 → 이미 보유하고 있고 올라야 할 이유만을 찾음 → 물어보면 '건전한 조정' 또는 '개미 털기'라는 답변을 듣고 안심함, 혹은 저가 매수라는 생각에 추가 매수 진행 → 그러나 더 이상 비싸게 사줄 사람들이 없고 차익 실현과 하락에 의한 투매가 나오면서 급락 → 이건 세력이다, 공매도의 횡포다는 생각으로 현실 부정 → 비자발적 장기투자를 진행 → 결국 손절 후 투자 실패를 인식

쉽게 말하면 "오를 테니까 샀지"라는 말과 "샀으니까 올라야 해"는 전혀 다른 이야기다. 전자의 경우는 가치 평가 근거에 입각해서 판단을 이어갈 수 있다. '오를 것이라는 근거(이성)'로 투자했기 때문에 초기의 투자 아이디어가 훼손되면, 투자 판단을 변경할 수 있다. 그러나 후자의 경우는 '올라야 해'라는 감정에 근거한 투자다. 그러므로 호재만을 찾고 악재나 다른 의견은 의도적

으로 외면하고 무시하게 된다.

　이러한 심리적 편향에서 벗어나기 위한 시작은 아이러니하게 도 '본인이 비이성적인 사람'이라는 점을 인정하는 것이다. 편향에 매몰된 사람일수록 '나는 편향적이지 않다'라고 생각하기 때문이다. 확증편향은 감정의 산물이다. 자신이 믿고 싶은 정보를 맹신하고 싫어하는 정보는 배척하는 행위 자체가 이성적이지 않고 감정적인 행동이 아닌가? 그러면서도 자신은 '이성적'이라 생각하고, 자신과 생각이 다른 사람은 '비이성적'이라 비판한다. 사실은 정반대다. 그러므로 편향을 제어하기 위해서는 '이성적 사고를 해야지'라는 의지가 아니라, '감정을 제어하는 방법을 고민'해야 한다. 감정은 뇌과학적으로 기억과 경험의 산물이다. 이성이 감정을 통제할 수는 없지만 선택할 수 있으며, 행동은 경험과 기억으로 쌓이면서 감정을 변화시킨다. 그러므로 편향에 빠지지 않기 위해서 생각의 좌우 균형을 맞출 수 있는 행동을 의식적으로 반복해야 한다.

심리 오류에 빠지지 않고 균형을 지키는 법

투자에 있어서 균형을 맞춰보려는 행동이 바로 '제로 포지션(원래의 위치)에서의 고민'이다. 제로 포지션에서의 고민이란, 내 '투자 원금'이 아닌 '현재 자산의 평가액'을 현금 100% 비중으로 보유하고 있다고 가정했을 때, 현재 가진 자산의 포트폴리오 비중을 그대로 가져갈 것인지를 고민해보는 것이다. 예를 들어 10,000원에 1,000주 매수해 1,000만 원 보유하고 있는 주식의 가격이 하락해 -20% 평가 손실 중인 경우를 가정해보자. 평가액은 800만 원으로 쪼그라들었을 것이나, 현재 보유 주식 수는 1,000주 그대로다. 보유 주식을 모두 매도하고 800만 원 전부 현금일 때, 이 주식을 다시 1,000주 그대로 사겠냐는 것이다.

물론 우수한 투자자라면 다시 매수한다 해도 변화가 거의 없을 것이다. 그러나 많은 투자자가 물려있는 자산에 대해 흔히 '본전만 가면 다시 이만큼 투자 안 한다'라고 푸념한다. **그러나 '본전'이라는 것 자체가 얼마나 자의적인 해석인가. 시장에서 거래하는 사람들은 당신의 매수가(평단가)를 알 수가 없으며, 알더라도 관심을 가질 이유가 없다.** 그러므로 투자 경험이 많지 않은 투자자에게 이 고민의 과정이 반드시 필요하다. 지속적으로 보유한다는 행위 자체가 '추가 매수, 보유, 부분 매도, 전부 매도'의 네 가지 상황을 모두 고려한 후에 내린 결정이어야 하기 때문이다. 그러나 많은 투자자들이 단순히 보유하고 있다는 이유만으로, 손실이라는 이유만으로 의사결정을 보류하는 경우가 많다. **판단**

후에 가만히 있는 것과 오도 가도 못하는 것은 완전히 다르다. 이 점을 명심해야 한다.

주가 하락 혹은 상승 시 추가로 고민해볼 것은 '공매도 입장에서 생각해보는 연습하기'다. 대부분의 투자자는 롱 포지션, 즉 이 기업의 실적과 주가가 오를 것에 베팅했기 때문에 보통 좋은 관점만을 보려고 한다. 그러나 내가 투자한 기업에도 숏 포지션(공매도)을 잡는 투자자들이 분명히 있다. 그것도 상당히 큰 금액으로 말이다. "공매도 투자자들은 이 기업의 어떤 부분을 부정적인 요소로 보고 하락에 베팅했을까?"를 깊게 고민해보자는 것이다. 대부분 투자한 기업의 리스크에 대해서는 긍정적인 요소보다 깊게 분석하지 않는 경향이 있기에, 공매도 공격의 관점으로 기업을 분석해보는 연습도 확증편향, 소유편향을 줄이는 데 도움이 된다.

투자 실수, 손실은 당신의 잘못이 아니다. 그러나 손실을 방치하는 것은 당신의 잘못이다.   – 마크 미너비니

정보와 소음 과잉 시대에 대응하는 법

최근 들어 많은 사람들이 공통으로 하는 이야기가 있다. "투자 시장 변화의 속도가 너무 빨라졌다"라는 말이다. 물론 늘 있었던 이야기지만 특히 2020년 코로나 투자 열풍 이후로 더욱더 가속화되고 있다. 우스갯소리로 투자자들 사이에서는 '가치에 사서 테마에 판다, 줄여서 가사테팔!'이라는 말도 있었지만, 최근에는 한 단계 진화했다. '가치에 사서 '받'에 판다. 가사받팔!' 여기서 '받'은 텔레그램이나 각종 SNS에서 출처가 불분명한 정보를 뜻한다. 워낙 단기적으로 투자하는 쏠림 자금이 많다 보니 생긴 현상이다. 이게 웃어넘길 일은 아닌 것이 '받'이 사기로 이어지고 있기 때문이다. 실제로 이슈화 되어 뉴스가 되고, 수사까지 진행되고 있을 정도로 금융 당국에서 심각하게 보고 있다.

인터넷, 증권 방송 등을 통해 회비를 수령하고 불특정 다수에게 투자 정보를 제공하는 채팅방을 투자 리딩방이라고 한다. 이러한 투자 리딩방에서 특정 다수인에게 투자자문을 제공하거나, 고액의 회비를 내야 좋은 정보를 얻을 수 있는 방으로 초대해준다는 이야기가 나온다면 3년 이하의 징역 또는 1억 원 이하의 벌금에 처해질 수 있는, 자본시장법 제445조를 위반한 '불법'이다. 금융감독원은 자산운용검사국 내 불법행위 단속반을 설치하고 '불법 리딩방 집중 신고 기간'을 운영하기도 했다. 아래는 금융감독원이 투자 리딩방에서 횡행하는 불법 행위를 정리한 표다.

허위정보 제공 후 편취	• 거래소 상장, 사업 등 호재가 있다고 속여 가치 없는 가상자산, 비상장 주식을 구매하게 하는 사기 • 투자 손실을 본 사람들에게 연락한 후 투자 회사 직원을 사칭해 손실을 보상해줄 테니 가상자산, 비상장주식을 매입하라고 속여 투자금을 편취
투자금 횡령	• 정상 투자업체 직원이 회사 데이터베이스를 이용해 고객들에게 투자 리딩방 링크를 보낸 뒤 개별로 투자를 유치한 후 보관 중이던 투자금을 횡령 • 미인가 사설 투자 매매/중개업체에서 리딩방에 참여한 고객들로부터 예치받은 투자금을 횡령
불공정거래	• 리딩방 운영자들이 특정 종목 주가를 상승시킬 목적으로 대량의 시세 조종 매매 주문을 제출하고, 투자 리딩방 회원들에게도 동참할 것을 요구하는 방법으로 시세를 조종하여 부당 이득 취득 • 투자 리딩방 운영자가 회사 내부자 등으로부터 입수한 미공개 정보를 이용하여 매매에 활용하거나 리딩방 회원에게 전달
불법 영업행위	금융위원회에 신고하지 않고 불특정 다수를 대상으로 주식 리딩방을 개설하여 회원 가입비/정보 수수료 편취 또는 유사 투자자문업 등록 후 1:1 개별 자문을 유도한 후 자문료 편취

처음부터 사기 당할 것을 염두에 두고 투자에 임하는 사람은 없다. 여러 가지 잘못된 방식으로 투자를 하다가, 손실을 입고 급하게 복구하려다 보니 저런 유혹에 더 빠지기 쉬웠을 것이다. 그 결과, 고급 정보, 비공개 정보와 같은 '정보'만 얻으면 투자로 쉽고 빠르게 돈을 벌 수 있을 것이라 착각하고 그런 정보를 제공하는 단체에 돈을 지불하고 가입하는 수순으로 이어진다. 그러나 그 '정보 매매'라는 것이 얼마나 의미가 있을까? 아래 도식으로 정보 매매가 얼마나 힘든지 한 눈에 볼 수 있다. 예를 들어 기업의 호재가 있거나 M&A(인수합병) 이슈가 있어서 기업의 주식이 대규모로 거래된다는 정보를 입수했다고 생각해보자. 나는 어떤 단계에서 알게 되었을까?

가장 먼저 회사 경영진이 사실을 알게 되고, 그 지인들이 알게 된다. 그다음은 내부 관계자와 지인 그리고 해당 블록딜을 진행하기 위한 주관사를 선정할 것이니 블록딜 계약 담당자와 관련

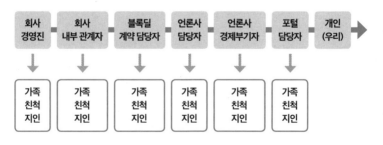

| 당신은 정보의 맨 끝에 있다 |

부처가 알게 된다. 그리고 뉴스를 통해 내가 알게 된다. 그 과정에서 정보가 사실이라면 이미 주가는 반응했을 것이다. 그리고 실제로 계약이 나오는 순간 이른바 페타콤플리Fait Accompli◆ 현상으로 주가는 폭락한다. 이 상황을 겪은 투자자들의 생각은 크게 두 가지로 나뉘게 된다.

1) 정보 매매는 어차피 불가능한 것이구나(=내가 알 정도면 시장도 안다).

2) 너무 늦었구나, 어떻게든 더 빨리 미공개 정보를 알아내서 매매해야지.

두 번째의 경우, 수익 창출이 가능할 수도 있다. 그러나 엄연한 불법 행위고, 가능하다 한들 지속할 수 있는 투자법이 아니다. 분명한 점은 투자 방식을 막론하고 남의 말만 듣고 투자에 성공한 사람은 없다는 사실이다. 그러므로 우리는 정보를 판단할 수 있는 능력을 기르고 공개된 정보로도 충분히 투자할 수 있는 역량을 길러 스스로 투자 결정을 내려야 한다.

하루에도 각종 매체를 통해 수없이 많은 뉴스와 정보들이 쏟아진다. 우리는 이런 정보와 소음 과잉 시대에 어떻게 대응해야 올바른 투자를 할 수 있을까? 정보와 소음을 가려내기 위해 몇 가

◆ 프랑스어로 기정사실화를 뜻한다. 미래에 결정될 악재나 호재가 이미 결정되어 있다고 간주하는 것이다.

지 작업이 필요하다.

나만의 기준으로 정보를 분류하기

우선 정보에 대한 자신만의 정의를 다시 내려볼 필요가 있다. '나에게 도움되는 정보'를 정의할 수 있다면 나머지는 소음으로 자연스레 분류할 수 있기 때문이다. 애초에 '정보'라는 개념이 상당히 추상적이기 때문에 스스로 정의 내리는 것이 가장 중요하며, 나의 투자 방식에 맞는 정보의 개념을 정해야 분류가 가능해지기 때문이다. 정보의 분류 방식 예시를 들어보면 아래 표와 같다.

이렇게 투자자마다 '정보'를 다루는 개념이 다르기 때문에 시장에서 받아들이는 정도가 다르다. 실제로도 정보에 개방적인

정보의 분류	개방적	보수적
정보의 수집 경로	도움이 된다면 경로는 무관	능동적으로, 직접 얻은 내용만
정보에 대한 이해도	개념에 대한 이해면 충분	투자 적용 가능 수준의 이해 필요
정보의 전파 정도	정도보다 가격 반영 여부 중시	누구나 아는 정보는 무의미
정보의 디테일	아이디어를 발췌할 정도면 충분	상세한 소개 없으면 소음

태도를 보이는 투자자가 많은 시기가 강세장이다. 오죽하면 '공부하고 사면 늦어, 일단 먼저 사놓고 공부해야지 시장 수익률 따라간다'라는 말까지 나오는 것이 전형적인 강세장의 특징 중 하나다. 반면 약세장으로 갈수록 주가의 변동도 적어지고, 정보가 시장에 반영되는 속도도 느려지는 경향이 있다. 투자 정보가 어떻게 돌아다니는지의 관점으로 시장을 바라보면 또 다른 방식으로 시장을 이해하는 데 도움이 된다. **나는 정보를 바라보는 시각이 개방적인가? 보수적인가? 나의 성향을 판단해보자. 그리고 더 나아가 내가 투자하는 시장에서 어떤 성향이 더 유리한지도 살펴보는 것이 필요하다.**

정보를 투자 인사이트로 바꾸기

이제 정보를 분류하고 나의 성향에 맞는 정보들을 수집했다면 이 정보들을 지식으로 바꿀 단계다. '아는 것이 힘일까 모르는 것이 약일까?' 단순히 정보라면 모르는 게 약인 경우가 많으며, 정보가 지식이 되어야 비로소 아는 것이 힘이 된다. 소음, 정보와 지식의 차이점은 무엇인가? 가장 쉬운 분류로는 내가 이해할 수 없는 내용이면 아무리 좋아도 나에게는 소음이다. **내가 이해할 수 있으**

면 정보고, 남에게 설명까지 할 수 있다면 지식이다. 지식은 결국 정보를 내가 응용할 수 있도록 2차 가공하는 단계를 거쳐야 완성되는 것이다. 정보를 지식으로 바꾸는 과정의 필요성을 알았다면, 이처럼 2차 가공하는 단계에서는 어떤 활동들을 하면 좋을까? 개인적으로 다음과 같은 프로세스로 정보의 지식화 작업을 진행하고 있으니 참고해서 자신만의 스타일을 작성해보면 도움이 될 것이다.

[정보의 지식화 작업]

① 매일 관심 있는 뉴스, 정보 리포트를 정리하는 폴더를 만들어서 보관한다.

　　예) 240101 경제지표, 산업/기업리포트, 투자분석글 모음(SNS) 등

② 이 중 정보의 중요도와 시급성에 따라 한 번 더 분류한다.

　　예) 오늘 업로드할 시급성 정보, 필독 자료, 포스팅 할 2순위 자료들 등.

③ 시급성 자료는 가급적 당일 저녁 9시 전까지 리뷰를 완료한다.

④ 중요도 높은 자료는 당일 내로 최소한의 공부거리들(관련 리포트, 분석 글, 뉴스 등)을 취합해두고, 이후 정리는 3일을 넘기지 않도록 관리한다.

⑤ 매일 정리한 자료를 주간 단위로 복습하며 리스트를 압축해본다.

→ 일간으로 봤을 때는 중요하고 시급해보였으나, 주간 단위로 복기해보면 생각보다 그렇지 않은 정보들이 많았음을 알 수 있다.

나는 2022년부터 매일 리뷰한 자료를 매주 토요일에 정리해 개인 블로그에 포스팅하고 있다. 꾸준히 작성해보니 하루에도 수백, 수천 개의 뉴스가 쏟아지지만 나에게 '지식화'할만한 정보는 일주일에 약 10~20개 내외에 불과하다는 사실을 깨닫고 스스로 놀랐던 기억이 있다. 얼마나 많은 채널에서 정보를 듣는가보다는 **결국 내가 소화할 수 있는 정보들을 얼마나 잘 정리하는가 그리고 꾸준히 지속하는가가 더 중요하다.**

사실 정보를 매매하고자 하는 욕구는 상승장에서도 마찬가지지만 하락장에서, 시장이 어려울수록 특정인에 대한 믿음과 함께 커지기 마련이다. 스스로 판단력이 흐려지고 자신감이 떨어지기 때문에 믿고 따라갈 만한 사람들을 찾고 의지하고 싶어지는 경향이 강해진다. "초보인 내가 공부한 것보다 고수가 분석한 종목을 적당히 따라가면 되지 않을까?" 하는 생각과 함께 말이다.

나 또한 같이 투자하는 지인 중에 훌륭한 퍼포먼스를 내는 사람들이 있다. 나보다 분석도, 탐방도 많이 한다. 그들에게 투자 아이디어를 많이 받기도 하지만 그 아이디어와 정보만을 가지고 투자하지는 않는다. 다소 시간이 걸리더라도 2차 검증을 해보고 스스로 분석해본 뒤 수긍이 가지 않으면 의미 있는 금액으로 투자를 집행하지 않는다. **왜일까? 그들의 실력이나 의도를 의심하는 것이 아니다. 그들도 신(神)이 아니기 때문에 결국에는 틀리기**

때문이다. 야구에서 10번 중 3번만 안타를 치는 3할 타자만 되어도 인정받듯이 투자 세계에서도 투자 성공률이 50%만 넘으면 굉장히 높은 수익을 얻을 수 있다. 손실의 기댓값은 -100%지만 수익의 기댓값은 이론적으로 무한대이기 때문에 반복적으로 수행할 수 있다면 그렇게 된다.

물론, 특정인의 정보나 종목을 추종하고 매매해 수익을 낼 수도 있다. 문제는 틀렸을 때 잃는 손실이다. 조지 소로스George Soros의 격언처럼 '맞추느냐, 틀리느냐가 중요한 것이 아니다. 맞췄을 때 무엇을 얻고, 틀렸을 때 얼마나 잃느냐가 중요한 것'이다. 자신이 스스로 분석해서 투자한 경우에 맞췄을 때는 보상(수익)을 얻고, 틀리더라도 그 분석 과정에서의 생기는 지식과 노하우 그리고 경험이 쌓인다. 그러나 남의 말, 정보로만 투자한다면? 수익이 나면 다행이지만 손실이 나면 얻는 교훈이 아무것도 없다.

투자의 귀재 워런 버핏조차도 "시장은 아무도 예측할 수 없다. 내가 하는 말을 들어도 시장을 예측할 수 없다"라고 말했다. 아무리 풍부한 정보를 갖고 있더라도 시장에서 단기적으로는 얼마든지 돌발적인 상황이 벌어질 수 있으며, 객관적인 정보마저 수익성을 담보할 수 없기에 특정인에 대한 신뢰, 정보는 더욱 경계해야 한다. '나 자신보다 내 돈을 생각해주는 사람은 없다'라는 사실을 명심하고 남이 주는 정보와 소음이 아닌 스스로 소화가 가능한 정보와 지식을 기반으로 투자하기 바란다. 결국 투자는 개인이 하는 것이고 손익의 책임은 스스로 져야 한다.

당신 스스로 직접 투자하기로 결정했다면 독자적인 길을 가야 한다. 이는 최신의 기밀 정보와 루머, 중개업자의 추천 및 각종 투자 정보처의 관심 종목 추천 따위를 자신의 이익을 위해 일단 무시하는 것을 의미한다. **– 피터 린치**

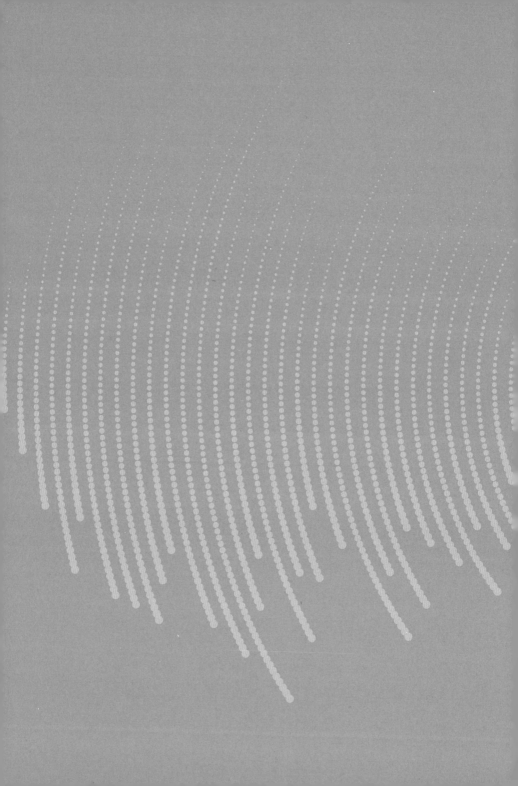

2장

의지가 아닌 투자 시스템이
손익을 좌우한다

노력해서 잘하는 게 아니라
그냥 하는데 잘해야 한다

개인적으로 좋아하는 말이 있다.

"잘하려고 하면 안 돼. 그냥 하는데 잘해야 돼."

가수 이효리가 어느 방송에서 한 말이다. 냉정한 말 같지만 곱씹을수록 참 맞는 말이라는 생각이 든다. 나는 이 말의 뜻을 두 가지로 해석하고 받아들였다. 첫째는 재능과 기질, 적성 같은 부분은 모든 분야에서 중요하다는 사실이며, 둘째는 재능과 기질이 부족하더라도 노력을 통해 숙련, 숙달하는 것의 중요성이다. 우선, 재능과 기질에 대해서 정의 내리는 법은 다양하겠지만 수능스타 강사로 유명한 정승제 선생님은 다음과 같이 단순하지만 명료하게 정의를 내렸다.

"다른 사람의 성과를 보고 '왜 저것밖에 못하지? 저 정도면 나도 할 수 있겠는데?'라고 생각하는 분야가 있을 것이다. 그 분야가 여러분의 재능이고 적성이다."

매우 동의하는 바다. 투자에서도 '메사끼'라는 용어가 있다. 증권가에서 쓰는 은어인데, '미래를 내다보는 자질, 직관력' 등의 의미로 통한다. 흔히 말하는 '촉이 좋다', '감이 좋다'라는 의미로 이해하면 된다. 세상을 바라보는 직관력, 미래에 대한 통찰력이 뛰어난 전설적인 천재적 투자자들은 분명 남달랐으며, 투자뿐만 아니라 한 분야에서 대단한 성공을 이룬 사람들은 대부분 이런 감각을 타고난 사람들이 많았다.

그렇다면 재능과 적성, 기질이 없으면 포기해야 하는가? 아니다. 노력과 숙련, 숙달을 통해 어느 정도 수준까지 익히는 것이 가능하다. 여기서 이 **숙련, 숙달을 위한 노력에 필요한 것이 바로 의지가 아닌 '루틴'과 '시스템'이라는 점을 강조하고 싶다.** 보통 개인의 의지는 성과 달성에 큰 영향을 끼치기 어렵기 때문이다. 누군가는 목표를 달성하지만, 누군가는 중간에 포기해버린다. 과연 '의지가 얼마나 강했는지'의 차이일까? 생각해보자. 어떤 목표를 달성하기에 '의지'가 없었던 적이 있었는가? 수험생 때는 당연히 좋은 성적을 받고자 노력하는 '의지'가 있었을 것이고, 취준생 때는 좋은 회사에 입사하고자 하는 '의지'가, 이후 재테크에 이르기까지 항상 목표는 있었고 의지도 있었을 것이다. 시작할 때는 동기부여 영상을 보거나 강연을 들으면 의지가 불타올랐을 것이다. 그러나 대부분 잠시뿐이다. 다시 관성처럼 원래의 일상으로 돌아가게 되듯이, 문제는 지속력에 있다. 기업가 짐 론Jim Rohn 또한 같은 점을 지적한다.

"동기부여가 시동을 걸고, 습관은 계속 가는 추진력이다."

이 추진력, 지속력 유지의 핵심이 루틴과 시스템이다. 목표 달성을 위한 루틴과 시스템의 정의는 각자 차이가 있을 것이나, 이 책에서는 두 단어를 이렇게 정리했다.

루틴: 의사결정을 최소화하는 것이 핵심.

시스템: 루틴을 깨지 않도록 설계하는 것이 핵심.

예를 들면 루틴의 핵심은 이런 것이다. 페이스북의 창업자 마크 주커버그Mark Zuckerberg는 매일 정해진 옷을 입는다. 중요한 의사결정에 필요한 에너지를 집중하기 위해 불필요한 의사결정을 줄이는 방법이다. 매일 반복해야 하는 활동들을 '루틴화'함으로서 생각의 효율화를 올리는 작업이다. 루틴의 중요성은 몇 가지 더 있다. 우선 루틴을 설계하는 과정에서 생각을 명확히 정리할 수 있다.

① 무엇을 원하는지 명확히 정하기 (목표 설정)

② 데드라인을 설정하기 (기간)

③ 목표를 이루기 위해 해야 하는 것들 적기 (세부화)

④ 우선순위대로 배치하기 (정렬)

⑤ 진행률에 연연하지 말고 매일 행동하기 (실천)

이런 일련의 과정을 진행하는 동안 머릿속이 비워지고 한 번 루틴을 만들어놓으면 다른 생각이 끼어들 확률이 낮아진다. 즉 흥적으로 생각한 행동이나 아이디어가 심사숙고해서 만든 루틴보다 더 나을 확률이 얼마나 높겠는가? 그 중요도를 비교해 판단해보면 새로운 활동보다 루틴대로 행동하기가 더 수월해진다. 게다가 루틴=반복이라고 여기며 지루하고 지키기 힘들 것이라는 생각을 갖는 사람들도 있다. 그러나 우리는 반복에 대한 마음가짐을 바꿔야 한다. 대니얼 코일Daniel Coyle의 『탤런트 코드』에는 반복에 대한 좋은 말이 나온다.

"반복은 지루하고 시시한 일이 아니라, 스킬을 향상시키는 데 이용할 수 있는 가장 효과적인 지렛대다. 이는 뇌를 좀 더 빠르고 정교하게 만드는 자체 메커니즘을 사용하기 때문이다."

그러니 반대로 생각해보자. "매일 매일 새로운 일을 만들어서 해야 한다면 그 또한 얼마나 피곤한 일인가?" 하고 말이다. 매일 꾸준히 하는 게 가장 어렵다는 말은 틀렸다. **어차피 해야 할 일이라면 목표를 세분화해서 매일하는 것이 가장 쉽고 효율적이며, 몰아서 하는 것이 더 힘들다.**

이러한 반복의 힘이 투자에서도 나타난다. 많은 사람들이 부러워하는 '투자 감각', 앞서 말한 타고난 '메사끼'와 달리 투자에서도 반복과 숙달을 통한 투자 감각 기르기가 가능하기 때문이다. 운동으로 비유하자면 지겹도록 반복 훈련하다 보니 실전에서 비슷한 상황이 나오자 '감각적으로, 반사적으로 움직였다'와 같은 개념이다. 우리가 일상에서 전문적으로 훈련하지 않았더라도 사람의 외형을 보면 대략 '저 키에 저 정도 체형이면 몸무게가 어느 정도 나가겠다'는 추정이 가능하지 않은가? 수많은 사람들을 보고, 직간접적으로 본인과 비교하고, 몸무게를 실제로 측정하는 것을 주변에서 경험하며 은연중에 축적된 데이터들이 있기 때문에 가능한 것이다. 투자에서도 마찬가지다.

이러한 사이클을 수차례 진행하며 경험을 쌓는 것이다. 물론 이처럼 해도 대부분 큰 투자 기회는 좀처럼 오지 않고 흘러간다. 투자 시장의 집단 지성은 대부분 합리적이기 때문이다. 그러다 어느 순간 '어? 뭔가 흐름이 이상한데?' 하는 깨달음의 순간이 가끔 나타난다. 그 시점에서 큰 투자 기회가 온다. 이 같은 순간을 한 번 잡기 위해 그 수많은 노력을 하는 것이다. 시스템의 경우 '주변 환경 세팅'이라고 생각하면 더 쉽다. 심리학 연구에 따르면 하루에 쓸 수 있는 의지력은 한정되어 있다. 의지력의 많고 적음은 있겠지만 무한한 의지력을 가진 사람은 없다. 삼류는 열심히 하고, 이류는 자신만의 노하우를 만들고, 일류는 상황을 만든다. 성공한 사람들이 시스템을 강조하고 자신만의 환경을 세팅하려고 노력하는 것은 그런 이유다. 이런 환경 세팅에 대해 변지영 작가의 『미래의 나를 구하러 갑니다』라는 책에는 다음과 같은 내용이 나온다.

"카톡이 울리는 핸드폰 앞에서 공부에 집중하려고 애쓰는 학
생이 아니라 핸드폰을 방에서 치워버린 학생이 학업 목표를
성공적으로 달성한다."[7]

위 문장에 등장하는 학생처럼 학업 목표를 이루기 위해 핸드
폰을 하지 않겠다고 다짐했다고 가정해보자. 이때 우리가 세팅
할 수 있는 환경은 이렇다.

- 핸드폰을 안 보고 공부하려고 애씀 (의지)
- 핸드폰 자체를 방에서 치워버림 (환경의 변화)
- 매일 정해진 시간에는 핸드폰을 정해진 곳에 놓음 (시스템화)

어떤 경우가 가장 달성 확률이 높은지 명확하다. 이런 식으로
우리 실생활에도 적용해볼 수 있다. 비슷한 사례는 충분하다. 다
이어트를 하려면 음식을 참는 것이 아니라, 다이어트를 방해하는
라면 같은 식품을 집에서 없애는 것이 효율적이며, 술을 끊으려
면 같이 술 마시던 친구들을 멀리하고 술자리 자체를 갈 수 없도
록 바쁘게 일정을 만드는 것이 더 효율적이다. 이러한 접근법은
투자 루틴과 시스템에서도 동일하게 적용해볼 수 있다.

이와 유사한 접근 방식으로 적용해볼 것을 추천한다. 내가 생

목표 (개선 필요사항)	의지 (As-Is)	시스템화 (To-Be)
남의 말만 듣고 투자 하지 않는다.	스스로 공부한 후 투자해야겠다고 다짐.	• 최소한의 포맷을 만들고 그것을 스스로 작성한 대상들을 수기로 작성해 리스트를 만들어둔다. • 단기매매 관련 유튜브, 텔레그램 등 투자 채널방을 줄인다.
뇌동매매*를 줄이고 싶다. (*즉흥적, 충동적인 거래)	충동적인 거래를 하지 않고자 다짐.	• 주식 어플 로그인을 어렵게 만든다. (간편 로그인 해지) • MTS가 아닌 HTS로만 거래하도록 모바일 공인인증서 삭제한다.
현금 비중을 지키고 싶다.	현금 비중을 지키려고 노력.	• 원하는 현금 비중만큼 은행계좌에서 원금보장형 펀드에 가입을 시켜둔다. (D+2일이 지나야 증권계좌로 이체가 가능) • 온라인 이체 한도를 낮춘 후 OTP를 가지고 다니지 않는다.
투자 관련 서적을 꾸준히 읽고 정리하고 싶다.	매일 독서하고 정리하고자 다짐.	• 전날 하루 30쪽 정도의 독서 분량을 핸드폰으로 촬영해둔 후 출근길에 사진을 넘겨가며 읽는다.
유튜브나 숏폼에 쓰는 시간을 줄이고 싶다.	SNS를 안보려고 노력.	• 테블릿 PC 또는 패드를 활용해 투자를 기록한다. • 무선 이어폰을 휴대하지 않는다.

각하고 적용한 시스템 일부를 표로 정리했다. 다시 한번 정리하자면 '좋은 루틴'이든 '나쁜 습관'이든 핵심은 세분화와 시스템화에 있다. **좋은 루틴이라면 세분화하지 말고 의사결정을 최소화해야 하며, 나쁜 습관이라면 계속 단계를 세분화해서 실행하기 어렵게 만들고, 대상을 제거하는 환경을 만들고자 노력해야 한**

다. 투자의 과정 자체가 힘들다면 꾸준하게 지속하기 어렵다. 컨디션이 좋을 때야 열심히 하겠지만 상황이 달라지면 그냥 쉽게 놓아버리기 때문이다. 그러나 투자의 루틴화 및 시스템화 과정을 반복하며 숙달되면? 무의식적으로 수행하게 된다. 힘을 적게 들이더라도 기계적인 관성만으로도 충분히 이어갈 수 있게 된다. 그때 비로소 '그냥 하는데 잘하게 된다'.

매일 당신의 최우선 순위의 업무부터 시작하라. 하루를 시작하고 처음 30분 동안 그것을 하라. 당신에게 큰 포부가 있다면 최선의 시간 사용법을 찾기 위해 노력해야 한다. 하루의 20%가 최상의 결과의 80%를 만든다.
- 스콧 앨런

하지 말아야 할 것을
아는 것이 먼저다

나심 탈레브는 저서 『안티프래질』에 흥미로운 개념을 제시했다. 바로 '비아 네가티바Via Negativa'다. 비아 네가티바란? 부정적 통로를 의미하는 라틴어로 '부정적인 접근법'에 더 집중하는 태도를 강화하기 위해 제시한 개념이다. 신학에서 출발한 개념으로, 진리가 아닌 것들을 제거해 나가면서 진리를 찾는 방법을 뜻한다. 이와 관련된 일화가 있다. 다비드상을 본 교황은 어떻게 걸작을 만들어낼 수 있었는지 미켈란젤로에게 그 비결을 물었고, 그는 이렇게 대답했다고 한다.

"간단합니다. 다비드가 아닌 것은 모두 제거하면 됩니다."

모두가 이러한 접근법을 사용한 적이 있다. 시험에서 정답을 찾을 때 확실한 오답부터 제거하는 소거법이 비아 네가티바에 해당한다. 이렇게 '틀렸다고 생각하는 것을 제거함'으로써 중요한 배움이나 답을 얻기도 한다. 이를 '제거적 인식론subtractive epistemology' 이라고도 부른다. 또 다른 유명한 예시가 있다.

'검은 백조를 봤다면 모든 백조는 하얗다는 주장을 틀렸음을 입증할 수 있다. 그러나 하얀 백조를 수백만 마리 발견했다고 해서, 모든 백조가 하얗다는 사실을 입증할 수는 없다.'

오류를 입증하는 것이 확증하는 것보다 훨씬 효율적이므로, 오류를 찾아내 제거하는 노력이 훨씬 중요하다는 것이다. 투자에서도 마찬가지다. '어떻게 하면 투자에 성공할까?'라는 개념을 생각하기보다는 '투자에 실패하는 방법을 어떻게 하면 피할 수 있을까?' 하는 접근법이 더 유효하다. 투자의 현인 찰리 멍거Charles Munger도 이와 같은 투자 마인드셋을 말했다.

'내가 죽을 곳을 알려주시오. 그곳을 찾아 피해갈 테니'

그러므로, 우리는 투자하는 과정에서 'To do list'가 아니라 'Not to do list'를 먼저 만들어봐야 한다. 투자를 성공하는 방식은 다양하지만 투자에 실패하는 과정은 대부분 비슷하기 때문이다. 게다가 To do list보다 Not to do list를 작성해보면, 하지 말아야 할 행동들이 보다 명확한 행동 강령을 내려준다는 것을 확인할 수 있다. 아래의 예시 표와 같은 방식으로 본인의 리스트를 만들어보는 것을 추천한다.

구분	To do list	Not to do list
하루 일과	루틴을 지킨다.	해야 할 일을 끝내기 전에는 절대 눕지 않는다.
투자 대상 접근 방식	좋은 기업을 찾는 방법을 배운다.	투자하지 말아야 하는 기업들을 걸러내는 방법을 배운다.
투자 의사 결정	좋은 원칙을 세우고 실행한다.	즉흥적인 의사결정은 배제한다.
트레이딩 기간	수익은 길게 손실은 짧게 가져간다.	데이 트레이딩을 하는 습관을 버린다.
레버리지 활용	수익성이 담보되는 조건에서만 활용한다.	반대매매가 발생할 수 있는 레버리지는 사용하지 않는다. (주식담보대출, 미수거래)
재무제표 분석	좋은 기업을 찾기 위한 재무제표 분석법을 공부한다.	위험한 기업을 가려낼 수 있는 재무제표 분석법을 공부한다.

사실 to do와 not to do는 동전의 양면과 같기 때문에 반대로 하면 비슷한 내용처럼 보인다. 간혹 '둘이 사실 같은 거 아냐? 저렇게 한다고 뭐가 달라지나요?' 물어보는 사람들이 있었다. 그러나 '어느 부분에 더 초점을 맞추고 접근하느냐'에 따라 결과물에는 확연한 차이가 있다. 해보면 알게 된다. 축구에서는 '공격이

최선의 방어다'라는 말이 있지만 투자의 세계에서는 다르다. 오히려 바둑과 비슷하며, 파생 트레이더의 전설 성필규 대표님(알바트로스)이 강조하는 메세지를 가슴에 새기며 투자해야 한다.

'아생연후살타 我生然後殺他'

먼저 내 돌이 산 뒤에나 상대방을 잡을 수 있다는 뜻이다. 자신의 생사를 돌보지 않고 무리하게 공격하다가 역습당하거나, 적진 깊이 침투했다가 차단당해 대마를 죽이는 실수를 범하지 않도록 경계하는 교훈으로 널리 쓰이는 바둑 격언이다. (나는 이 말을 더 쉽게 '선생존 후수익' 이라고 표현한다.)

'남을 죽여야 산다'와 '내가 살 곳을 먼저 찾고 남을 죽일 방법을 찾는다'라는 개념은 완전히 다르다. 흔히 말하는 물러설 곳이 없이 '배수진'을 치는 것은 영화나 역사 속에서 드라마틱한 요소를 강조하기 위해 활용된다. '살고자 하면 죽을 것이고 죽고자 하면 살 것이다'라고 말하며 정신 무장을 강조하지만, 사실 냉정히 따져보면 굉장히 불리한 상황이라는 뜻이다. 애초에 그 상황에 가지 않도록 하는 것이 최선이며, 투자에서는 수익을 내는 방법보다 내가 투자하다 망하게 될 경우의 수를 먼저 나열해보고 원칙을 만들어야 한다. 그리고 그것을 지킬 루틴과 시스템을 구축하는 것이 최우선이다.

투자에 있어서 죽는다는 것은 여러 가지로 해석될 수 있으나, 가장 중요한 부분은 '영구적인 자본 손실'일 것이다. 이를 피하는 방법이 바로 '비아 네가티바'를 적용하는 것이다. 영구적인 자본 손실을 겪었던 투자 사례를 떠올려보자. 다양한 케이스가 있을 것이다. 나에게도 크게 손실을 본 투자가 하나 있다. 투자 실패는 부끄러운 이야기지만, 타산지석의 사례가 될 수 있기에 본인의 사례를 공유한다. (현재는 보유하고 있지 않은 기업들이며, 과거의 투자 사례임을 밝힌다.)

확증편향에 빠진 투자 실패 사례

2017~2019년에 투자했던 기업 중 하나로 '코오롱플라스틱'이라는 기업이 있었다. 사명에서 쉽게 파악되듯이 플라스틱을 제조 및 판매하는 코오롱 그룹 계열사였다. 이 기업은 범용 플라스틱(흔히 우리가 아는 페트병, 스티로폼 등에 쓰이는 일반 플라스틱)과 엔지니어링 플라스틱(공업 재료, 구조 재료 등 특수 목적으로 사용되는 강도 높은 고성능 플라스틱)을 생산하는 사업을 했다. 당시 투자 아이디어는 심플했다.

'화학 산업과 같은 시클리컬 산업은 해당 상품의 수요/공급 영향을 많이 받으며, 수요는 경기사이클에 따라 순환적이지만 공급량은 한정적이므로 거기에 투자 기회가 있다.'

이러한 전제로 접근했으며, 해당 기업의 차기 주력 제품은 POM이라는 엔지니어링 플라스틱이었다. POM은 강도와 내화학성이 강하고 가벼워서 전기차 소재로도 쓰인다. 해당 소재를 글로벌 화학회사인 BASF(바스프)와 함께 합작법인을 설립하고, 한국에 증설, 유럽 공장은 순차적 폐쇄하면서 공급량을 관리하며 수익성을 확보하겠다는 것이 사업의 내용이었다. 또한 POM의 원소재는 메탄올이므로 메탄올과 제품 수출 물량 단가와의 스프레드를 추적하면 사업이 잘되고 있는지, 이익은 제대로 나고 있는지를 파악할 수 있을 것이라 판단해 투자를 진행했다. 그런데, 분기가 한 번 지나고 두 번 지나갔는데도 좀처럼 이익이 개선되지 않았다. 원인을 찾아봤지만 공장 증설도 일정대로 진행되고 있었고, 원료인 메탄올 가격도 하향 안정화가 되고 있었다. IR 담당자를 통해 확인했을 때도 '기존 매입 원료 재고의 문제지 업황은 문제가 없다'라는 답변을 들었다. '펀더멘털 훼손 없는 하락은 기회다'라는 생각에 추가 매수를 진행했으나, 그 이후로도 수출 물량과 마진은 개선이 되지 않고 주가는 지속적으로 하락했다.

알고 보니 원인은 다른 곳에 있었다. 메탄올은 천연가스에서도 만들 수 있고 석탄에서도 만들 수 있는데, 이 천연가스와 석탄이란 원재료의 특성상 수요 공급뿐만 아니라 국제 정세에 따라서도 가격 변동이 매우 큰 자원이라는 점이라는 사실을 간과한 것이다. 화학 업황이 좋아지는 구간에서 원재료 가격이 상승하는 것은 상품 가격에 전가할 수 있기 때문에 큰 문제가 안 된다. 그러나 업황이 나빠지는 상황에서도 원재료 가격은 지정학적 이슈 및 정치적 이슈로 얼마든지 오르내릴수 있다는 것을 깨달았다.

결정적으로 내가 간과한 것은 '다운사이클에서 업황을 이길 수 있는 개별 기업은 거의 없다는 사실'이었다. 많은 인베스터 구루들이 이야기하는 '매크로는 예측 불가능하다'라는 말을 '신경 쓰지 않아도 된다'라는 말로 잘못 이해했다. 특히 대한민국의 경우 수출 비중이 매우 높아서 증시의 경기 민감도가 큰 업종들이 많다. 대표적인 업종인 반도체, 자동차, 조선, 화학, 철강 등도 마찬가지다. 아무리 뛰어난 기업이라도 전방 업황을 뚫고 이겨내기란 쉽지 않다. 그런 기업이 있다 해도 다른 기관, 외국인, 전업 투자자들보다 직장인 투자자가 이 기업을 더 빠르고 정확하게 캐치해서 투자할 가능성은 더욱 낮다. 사이클을 '예측'하긴 어렵더라도, 업사이클과 다운사이클에서의 이익 지표 흐름과 주가 변동에 대해서는 최소한의 매크로 공부는 했어야 했다.

큰 평가액 손실을 기록한 후에야 확증편향이 거둬내고 냉정하게 상황을 바라보게 되었다. 전체적으로 나의 투자를 다시 분석해보니 주가 하락의 이유가 보이기 시작했고 이해되었다. **주가가 하락한다고 해서 무조건 팔고 떠날 필요는 없지만, 보유하고 있는 종목의 주가가 하락할 때 '내가 놓치고 있는 무언가가 있지 않을까?'라고 생각했어야 했고, 이를 검증하는 절차를 반드시 거쳐야 했다.** 그 이후 이러한 투자 실수를 반복하지 않기 위해 투자 매수/매도에 대한 원칙과 시스템을 만들고 수정하며 보완하고 있다. 나의 원칙과 시스템은 다음과 같다.

원칙1 철저히 분리할 것

트레이딩(기술적 분석)과 인베스팅(기본적 분석), 매수/매도 원칙과 방법은 철저히 분리되어야 한다. 상황에 따라 매수/매도 기준이 바뀌면 안 된다. 트레이더는 트레이더답게, 인베스터는 인베스터답게 투자해야 한다. 가장 최악의 케이스는 트레이딩 관점에서 매수를 했지만 주가가 빠졌을 때 손절매가 아닌 '기업의 가치'를 분석하며 자신의 태도를 바꾸는 행위다. 트레이딩 관점에서 접근한 기업이라면 손익비율을 철저히 지키고 손절매를 하고, 인베스팅 관점에서 접근한 기업이라면 기업의 미래이익 추정을 끊임없이 하면서 단순히 주가가 빠지고 오른다고 해서 매수/매도를 해서는 안된다. 즉, '끼워 맞추기'를 경계해야 한다.

원칙 2 안 될 이유를 찾을 것

투자해야 될 이유보다 투자하면 안 될 이유들(강력한 이유들)을 찾아보자. 자신의 투자 경험을 바탕으로 투자하지 말아야 하는 기업의 특성을 문서화해두면 좋다. 예를 들어, 나의 경우에는 아무리 기업이 좋아도 경영자가 문제라면 투자하지 않는다. 또 IR 담당자가 너무 적극적으로 가이던스Guidance(예상 실적)를 제시하는 경우도 조심한다. IR 담당자 또한 회사의 직원이다. **아무리 업황이 안 좋아져도 '우리 회사 실적이 좋지 않으니 쉽게 사지 마세요'라고 말하는 IR은 없다.**

또한 지속적으로 차입이 필요한 경우에는 기업에 대해 CFO(최고재무책임자)급으로 알지 못하는 이상, 투자를 보수적으로 접근해야 한다. 대주주의 이익과 일반 소액주주의 이익이 일치하지 않는 경우가 많기 때문이다. 이런 차입금이 필요한 기업의 경우에는 보통 유상증자나 전환사채CB 발행을 통해 자금을 조달하게 된다. 이 과정에서 소액주주들이 불리함을 떠안게 되는 경우가 빈번하므로, 재무제표를 보고 투자하는 것이 중요하다. 현재 회사의 상태를 회사 관계자의 발언이 아닌 숫자를 보고 투자자 스스로가 확인하고 판단할 수 있는 근거가 되기 때문이다. (재무제표를 보는 것이 좋은 기업을 찾는 데는 효과적이지 않을 수도 있지만, 투자하지 말아야 할 기업을 걸러내는 데는 강력한 수단이 된다. 바로 이러한 점이 재무제표가 존재하는 이유다.)

원칙3 NO가 더 중요하다

'YES'를 얼마나 잘하느냐보다 'NO'를 얼마나 할 수 있느냐가 더 중요하다. 포트폴리오를 구성할 때, 또는 주변 사람들과 기업 분석에 대한 이야기를 할 때 얼마나 'NO' 할 수 있는가? 투자 스터디에서 이야기 나온 기업들을 보면 모두가 좋다고 하는 기업보다 좀 의구심이 들고, 논쟁거리가 오가는 기업의 주가가 잘 오른다는 속설이 괜히 있는 것이 아니다. 투자에 대해 확신을 갖고 "YES!" 하기는 쉽다. 그러나 내가 투자를 고려하고 고민하는 종목에 대해 "NO!" 외치기는 쉽지 않다. **그동안 공부하고 분석하는 데 들인 시간과 노력의 매몰 비용이 아깝기 때문에 더더욱 심리**

적 편향에 빠지기 쉽다. 그러나 반드시 필요한 투자 의사결정이며, 잘하는 것보다 잘하지 못하고 보완해야 하는 행동을 개선하고자 의식적으로 더 노력하자.

투자 실수와 실패는 피할 수 없다. 그러나 이를 개선하지 않고 반복하느냐, 아니면 이를 극복해내고 성공 사례를 쌓아 나가느냐가 투자의 성패를 결정할 것이다. 매도 먼저 맞는 것이 낫다고 하지 않는가. 오히려 투자 자금이 커지기 전에 좋은 경험을 했다고 생각하고 똑같은 실수를 반복하지 않고 피해가는 '비아 네가티바'로 무장해 투자를 진행해보자.

투자를 시작하면서 '난 망하는 투자를 해야지, 오늘은 어리석은 판단을 해야지' 하는 투자자는 없을 것이다. 그러나 대부분은 그런 어리석은 판단을 한다.
　　　　　　　　　　　　　　　　　　　　－ 마이클 모부신

완벽보다 완료주의로
나만의 투자법 찾기

앞서 '하지 말아야 할 것'을 정했으니, 이제는 해야 할 것에 대한 시스템을 고민할 차례다. 대부분의 사람들의 고민은 이렇다.

"루틴, 시스템화의 중요성은 알겠는데 구체적으로 어디서부터 어떻게 해야 될지 잘 모르겠습니다."

여기에 대해 답변해줄 수 있는 부분은 명확하다. '어디서'부터 해야 될지는 가르쳐주기 어렵다. 본인 수준에 맞게 찾아야 하는데 그 수준이 사람마다 다르기 때문이다. 그러나 '어떻게' 해야 할지 방향과 방법은 가르쳐줄 수 있다. 무조건 실패하더라도 안전하게 여러 번 도전할 수 있는 방식으로 빠르게 그리고 반복적으로 수행해야 한다. 사실 투자의 특성을 이해하면 당연한 이치다.

투자의 큰 특징이 무엇인가? 크게 두 가지다. 첫째로는 투자에는 완벽한 한 가지의 방법, 즉 정답이 없다는 것이고, 둘째로는 이론으로만 배우는 데 한계가 있다는 점이다. 이는 금연, 금주 또는 다이어트와 같은 실생활 사례와도 닮아있다. 쉽게 예를 들어 정리해 보면 다음과 같다.

구분	다이어트	투자
배우는 방식	책, 영상, 강의 등	책, 영상, 강의 등
이론적 방법	덜 먹고 더 움직이기	싸게 사서 비싸게 팔기
실천하는 방식	식단 조절 운동 식단과 운동 병행	인베스팅 트레이딩 둘 다 병행
실패하는 원인	의지 박약, 무리한 방식	탐욕, 과욕
지속가능성	먹는 것 줄이기: 지속 어려움 운동 하기: 지속 가능	단기 투자: 지속 어려움 중장기 투자: 지속 가능
사후 관리	요요 현상 방지	리스크 관리 (자산 배분)

금연, 금주, 다이어트와 투자는 기본적으로 '욕망'을 참는다는 점에서 공통점이 있다. 그리고 그것은 인내와 연결된다. 투자의 세계에서 인내, 참고 견딘다는 의미는 쉽게 사고 팔지 않는다는 점에 있다. 원하는 가격에 도달할 때까지, 충분히 싸질 때까지 매수 욕구를 인내하고, 충분히 제 가격, 목표가에 도달할 때까지 수

익실현을 하지 않는 매도 욕구의 인내를 모두 포함한다.

애자일 방법론으로 만드는 투자 사이클

투자에는 왕도가 없으며 이론만으로 배우는 데는 한계가 있고, 인내는 '의지'보다는 '시스템'이다. 이러한 관점에서 **투자 능률을 올리기 위해 적용할 수 있는 개념이 바로 '애자일**agile'**이다.** 어려운 용어같지만 쉽게 말하면 '짧게 시도하고 빠르게 피드백 하기'의 개념이다. 우리가 흔히 하는 일반 업무 처리 방식은 '워터폴waterfall' 방법론이며, 애자일 방법론은 이와 반대되는 개념이다.

워터폴 방법론은 폭포수 방법론이라고도 불리며 이름에서도 느껴지듯이 각 작업이 폭포처럼 위에서 아래로 떨어지는 단계별 방법론이다. 프로젝트의 과정이 설계 → 디자인 → 개발 → 테스트 → 배포 순으로 진행되며 이전 단계가 완성되면 다음 단계로 순차적으로 떨어지게 된다. 애자일 방법론이 등장하기 전까지는 소프트웨어 개발뿐 아니라 전통적인 제조업(자동차, 건설, 조선, 화학 등) 산업 현장에서 보편적으로 사용되던 프레임 워크, 방법론이다. 반면 애자일은 '기민한, 민첩한'이라는 뜻으로 일정한 주기를 가지고 빠르게 제품을 출시해서 고객의 요구사항, 변화된 환

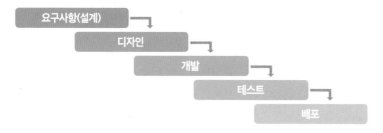

| 워터폴(Waterfall) 방법론 |

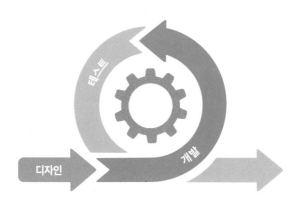

| 애자일(agile) 방법론 |

방법론	워터폴(Waterfall) 방법론	애자일(agile) 방법론
장점	목표와 단계별 역할이 확실함 각 단계별 소요 시간/문제 파악 용이	계획에 의존하지 않고 주기별로 결정 빠른 개발 속도와 유연함
단점	속도가 느리고 유연하지 못함 변화하는 시장에 대응이 어려움	비용 및 일정 예측의 불확실성

경에 맞게 기능을 더하고 수정해나가는 탄력적인 방법론을 말한다.

대부분의 직장인들은 워터폴 방법으로 일하는 방식에 익숙해져있다. 그래서 그런지 투자를 할때도 처음부터 실패하지 않으려고 준비를 너무 많이 하려고 한다. **투자의 세계에서는 돈 많은 초보가 가장 위험하다는 속설이 있다. 아무것도 준비가 되지 않은 상태로 섣불리 투자하는 것도 문제지만, 어설프게 아는 상태로 큰돈을 투자하는 것 또한 문제다.** 당신에게 1억 원이라는 돈이 있다고 생각해보자. 여기서 당신이 선택할 수 있는 방법은 크게 두 가지다.

1) 최대한 공부하고 준비해서 1억 원을 한꺼번에 투자하기(워터폴 방법론)

2) 500만 원씩 투자하고 복기하며 20번 투자해보기(애자일 방법론)

투자를 처음 하거나 경험이 적다고, 투자를 시작하기 전에 몇 달을 공부해보고 준비한다고 해본들 의미있는 성과를 내는 것은 현실적으로 어렵다. 어차피 투자의 세계는 프로와 아마추어 구분이 없는 무제한급 경기이며, 미리 준비한다고 완벽히 준비되는 곳이 아니기 때문이다. **그러므로 이런 투자의 세계에서는 스키에서 넘어지더라도 덜 다치는 법을 배우는 것과 같이 실패하더**

라도 손실의 크기를 막아내는 방법부터 배워야 한다. 투자는 최대한 다양한 투자법을 경험해보고, 이를 통해 자기만의 색깔을 찾는 것이 가장 중요하다. 그렇기 때문에 빠르게 시도하고 피드백해보는 애자일 방식의 접근법으로 설계하고 시도해봐야 한다. **이른바 완벽주의보다는 완료주의다. 한 번에 완벽하게 하기보다는 작게나마 여러 번 투자를 완료해보는 경험을 쌓으면서 실력을 차근히 키워나가야 한다.**

보통 주식 투자의 경우 3~5년을 큰 사이클로 바라보고, 부동산의 경우는 약 10년을 하나의 큰 사이클로 보는 것이 일반적이다. 그러나 처음 시작하는 사람들에게 5년은 물론 3년의 시간도 너무나도 길고 멀게 느껴지는 것이 당연하다. 그러므로 초기에는 월 단위 기록, 분기 단위 결산 및 복기를 해보는 것을 제안한다. 나 또한 초기에 내게 맞는 투자 방식과 포트폴리오 구성을 찾기 위해 6년간 매월 기록하고 복기하며 분석했다. 여기서 핵심은 '3년을 채우겠다'라는 생각이 아니라 '매달 기록하다 보니 3년 정도는 금방 지나가더라'라는 개념이다. 매월, 매분기 단기 수익률에 집착하는 것이 아니라 그 기간 동안 투자 공부를 하고 실제 투자를 집행하며 느낀 내용들을 꾸준히 기록하는 과정에 집중하라는 뜻이다.

6년 중에 앞선 3년은 '투자 방식'을 찾는 것에 집중했다. 포트폴리오를 거치식, 적립식, 개별주식투자, ETF 투자 등으로 나눠서 투자 수익률과 심리적 안정도를 파악하는 데 중점을 뒀다. 내가 개별주에 투자를 해도 지수 인덱스 수익률보다 높은 성과를 낼 수 있는지를 스스로 평가해보는 것이다. 3년 정도 투자해보면 상승장과 하락장을 부분적으로나마 모두 경험해볼 수 있기 때문에 수익률을 평가하기에 적절한 기간이 된다. 해당 기간 동안 누적 수익률이 지수 수익률보다 낮다면 개별주 투자를 집중적으로 하기에는 아직 부족한 실력이라는 뜻이 된다. 이때는 인덱스 투자 비중을 높이거나, 개별주 투자의 분석 또는 자금 관리 방식에 대한 공부와 실천이 더 필요하다.

직장인을 위한 투자 운용 방식

그다음 3년은 '지속 가능한 투자 방식과 달성 가능한 수익률'을 찾는 데 주력했다. 초기 투자자의 대부분은 '연평균 ○○%'를 목표로 잡는 경우가 많다. 그러나 실제로 투자를 경험해보면 '연평균 목표 수익률'이라는 것이 얼마나 의미 없는 지표인지를 깨닫게 된다. 1928년부터 2023년까지의 S&P 지수의 '연평균' 수익률은 약 8% 수준이다. 매년 연간 수익률로 살펴보면? 약 100년간

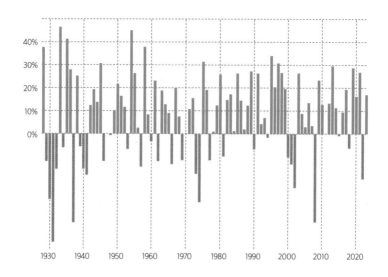

평균에 가까운 7~9% 수익률을 낸 시기는 6번에 불과하다. 전체
기간 중 10%도 되지 않는 수준이다.

　나머지 90%의 기간 동안에는 평균보다 훨씬 높은 수익률을
냈거나, 훨씬 낮은 수익률(또는 손실)을 기록했다. 즉, '연평균 수
익률'이라는 개념은 목표가 아니라 후행적인 기록이다. 그러므로
'연평균 수익률'에 집착하기보다는, 시장 수익률을 앞설 수 있는
방법을 찾고자 하는 접근법이 옳다. 개인 투자자가 장기적으로
시장 수익률을 이기고자 할 때 선택할 수 있는 투자법은 크게 두
가지다.

1안: 시장 하락 시, 평균 시장 하락률보다 손실을 덜 기록

　　시장 상승 시, 비슷한 상승률을 추구

2안: 시장 하락 시, 평균 시장 하락과 유사한 하락률을 기록

　　시장 상승 시, 시장보다 높은 상승률을 추구

얼핏 보면 1안은 인베스터에 가깝고 2안은 트레이더에 가깝다는 생각이 들 수도 있다. 그러나 '로우 리스크 미들 리턴(저위험 중수익)'vs'미들 리스크 하이 리턴(중위험 고수익)'은 꼭 대립되는 개념이 아니다. 투자 여건과 상황(매크로)에 따라서도 달라지고, 투자자 성향에 따라서도 얼마든지 바뀌어 적용될 수 있는 개념이다. 기본적으로 약세장의 끝 무렵에서 투자하는 것은 '로우 리스크 미들 리턴'을 추구하는 방식이고, 강세장 진입을 확인하고 투자에 진입하는 것은 '미들 리스크 하이 리턴'에 가깝다. 또한 이익의 예측 가능성이 높은 주식에 투자하는 것은 '로우 리스크 미들 리턴'에 가까우며, 매출과 이익을 확실하게 추정하긴 어려우나 산업 자체의 성장성이 높으면서 시장에서 프리미엄을 받고 있는 기업의 주식에 투자하는 것은 '미들 리스크 하이 리턴'에 가깝다.

나의 경우 1안을 주력으로 하되 2안의 방식을 혼합한 방식이 가장 나에게 잘 맞으면서 시장 지수 수익률보다 상회하는 만족스러운 수익률을 가져다줬다. 최대한 손실률을 제어하면서 쌓은

누적 수익의 일부는 2안처럼 상대적으로 리스크가 높더라도 높은 수익률을 기대할 수 있는 고성장주 또는 비상장주에 투자하는 방식이다. 나의 혼합 운용의 투자 방식을 아래 도식화했다.

이러한 혼합 운용의 투자 방식을 특히 내 주변 직장인 투자자에게 권하는 편이다. 기본적으로 직장인 투자자의 강점은 근로 소득 기반의 안정적인 현금 흐름이다. 당장 계좌의 손실이 나더라도 생활에 지장이 없기 때문에, 버티고 인내하는 데도 유리한 조건이다. 반면 단점은 무엇인가? 전업 투자자나 기관 투자자 대비 투자 공부에 쏟는 시간이 절대적으로 부족하다. 그러므로 '전업 투자자 및 기관 투자자들보다 낮은 수익률'의 성적표를 받아들이는 것이 상식적인 자세이지만, 사람은 욕망의 동물이기 때문에 손실 회피 및 안전한 투자를 지향하면서도 높은 수익률을 원

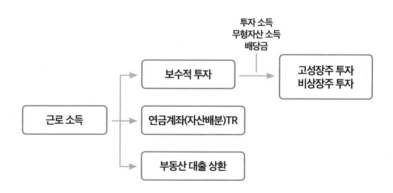

| 한걸음이 근로 소득으로 운용하는 투자 방식 |

하는 이중적인 태도를 갖는다. 그러다 보니 FOMO_{Fear of Missing Out} 현상(포모 현상)[◆]도 줄곧 경험하게 된다. 이렇게 보수적인 투자를 통해 얻은 수익금의 일부를 미들 리스크 하이 리턴 투자 방식으로 진행하게 되면? 비중으로 따지면 8:2 정도의 비율로 투자하는 것이 심리적으로 포모 현상을 방지하면서도 실제로도 포트폴리오 수익 측면에서도 좋았다. 잃더라도 수익금의 일부이기 때문에 손실 고통이 덜하고, 장세와 맞아 떨어져서 수익이 잘 난다면 그 또한 좋기 때문이다.

'완벽한 투자법 찾기'를 목표로 하면 결국 실패한다. 어차피 투자에 있어서 완벽한 투자법이란 존재할 수가 없기 때문이다. **대신, '내가 할 수 있는 투자법을 찾을 때까지 한 번씩 시도해보자'로 목표를 바꿔보자. 그것은 충분히 가능하다.** 이론적으로 '가치 투자(인베스팅)'는 논리적으로 완전한 투자법에 가깝지만, 그 투자법을 실천하는 투자자는 불완전한 존재다. 마찬가지로 인베스팅이든 트레이딩이든 투자법의 문제라기보다는 투자자의 실력이 투자 수익을 좌우하며, 대부분의 시장을 오랫동안 이긴 투자자들의 말들을 종합해보면 자신만의 투자법을 찾고 그것을 완성하는 데 10년 이상이 걸렸다고 한다. 그러므로 뒤따라가는 지금의 투

◆ 특정한 상승 기회를 놓쳐서 나만 수익을 얻지 못할까 봐 겪는 불안감 때문에 잘못된 결정을 내리거나 손실을 겪는 현상.

자자들 또한 완벽하지 않아도 좋다. 누구나 자신만의 투자법을 찾고 갈고 닦아나가는 데는 시간이 걸릴 수밖에 없다. **우선 나만의 투자 방식을 찾아가는 과정에서 한 번의 '완료'를 경험했다는 점이 중요하다. 앞으로 작은 성공과 사이클을 경험하며 완성해 나가면 되는 것이다.**

홀륭한 자질과 투입된 노력에 상관 없이 성공하는 데는 시간이 걸린다. 당신이 어떤 수를 쓰더라도 한 달 안에 아기를 낳을 수 없는 것과 같다.   – 워런 버핏

약점은 인정하고
강점을 최대한 활용하자

기본적으로 투자 시스템은 '달성가능한 수익과 그 방법의 지속가능성'을 갖춰야 한다고 설명했다. 독자들 대부분은 나와 같이 직장인 투자자일 것이다. 그렇다면 직장인 투자와 시스템, 구체적으로 어떤 부분을 중점적으로 연마해야 지속가능한 투자가 가능할까? 크게 세 가지로 나눴다. 꼭 명심하고 실천하길 바란다.

강한 돈과 약한 돈의 차이를 알 것

돈에는 꼬리표가 없다고들 하지만, 돈의 유입 경로에 따른 특성 차이는 확연하게 존재한다. **돈이 어떻게 들어오냐에 따라 강한 돈과 약한 돈으로 분류할 수 있다. 이는 돈의 많고 적음이 기준이 아니다.** 100만 원이더라도 고정적이고 안정적으로 들어오는 수입이라면 강한 돈이고, 1,000만 원이라 할지라도 비정기적이고 불안정하게 들어오는 수입이라면 약한 돈이다. 이러한 분류가 왜 중요할까? 강한 돈을 가지고 있어야 공격적으로 투자할 수 있고 약한 돈으로는 다소 보수적으로 투자할 수밖에 없기 때문이다. 직장인 투자자로서 큰 성공을 거둔 김철광 투자자(바람의 숲)가 이 둘의 차이를 아주 쉽게 설명해준 부분이 있다. **바로 '안정감**stability**와 안전감**safety**은 다르다'는 것이다.**

'안정감'이란? 큰 변화없이 일정 상태를 유지하는 것으로 사실상 아무것도 안하는 '정적'인 상태를 의미하지만, '안전감'이라는 것은 오늘 실패하더라도 내일 또다시 새롭게 시도할 수 있다는 발판이 있다는 '동적'인 개념이다. 매달 나오는 일정한 월급을 가지고 생활을 한다는 것은 '안정'적인 재무 상태를 추구한다는 것이고, 반면 매달 나오는 일정한 월급을 투자에 활용한다면? 설령 그 투자가 실패한다고 하더라도 월급은 또 들어오니, 실패를 두려워하지 않고 계속 도전을 해볼 수 있다는 것이다. 월급이라는 원금에 대한 '안정성'은 떨어지지만 전체적인 재무 구조에서의 '안전성'은 유지가 되므로 지속가능한 투자가 가능하다는 것, 이

것이 고정적인 소득인 '강한 돈'의 강점이다.

그러나 대부분의 사람들은 안정적이라는 것과 안전하다는 것을 혼동한다. 특히 투자 관점에서는 더더욱 그렇다. 예를 들어 공무원이라는 직업, 우리 부모님 세대에서는 IMF를 겪고 난 후 '안정적인 직장이 최고다'라며, 자녀에게 공무원을 많이 추천했다. 공무원이라는 그 직업 자체는 해고되지 않고 정년이 보장되며, 상대적으로 기업에 비해 실적과 업무 평가에 대한 부담이 적다. 호봉제로 연봉이 책정되어 있기 때문에 입사하는 순간 퇴직 후 연금까지 계산이 된다. 말 그대로 변동성과 예외가 적으니 '안정적'이다. 그러나 '투자 관점으로 보면 안전한가?'라고 생각하면 그렇다고만 볼 수는 없다. 변화가 적다는 것은 하방으로, 즉 나락으로 떨어질 가능성이 적다는 뜻도 되지만 동시에 상방으로 가는 업사이드upside가 막혀있다는 뜻이기도 하다. 기본적으로 대부분의 기업은 겸직이 금지되어 있지만, 공무원 업계는 그 잣대가 더 심하다. 게다가 시스템으로 돌아가기 때문에 개인이 잘한다고 빠르게 승진하거나 효율적으로 집단을 개선하기 어렵다. 특히 '정년 퇴직 후 연금'이라는 보상 때문에 어느 정도 다닌 10년 차 전후로는 이직도 망설이게 된다. 변화라는 트리거를 주기가 점점 더 어려워진다.

사실 이러한 '안정감'은 언급한대로 '정적'인 개념이며, 이러한 정적 개념은 더 이상 발전하지 않아도 되는 상태에서 추구하는 것이다. 자산가들은 예금이나 자산배분형 포트폴리오로 '안정적으로 자본을 지키는' 투자만 해도 괜찮다. 물려받을 자산이 있는 사람들이면 안정적인 직장에서 직장생활만 적당히 하면서 현금 흐름만 유지해도 부가 자연스레 쌓이고 불어난다. 그런데 물려받을 자산이 없음에도 직장생활만 하며, 돈 벌 궁리를 하지 않고 남들 만큼 소비하려는 사람들이 있다. 그러면서 자신은 '안정적'이라고 착각한다. 특히 월급을 400~500만 원 정도 받는 직장인들에게서 많이 나타난다. 그 정도 강한 돈이 있다고 해서 여유를 부릴 수준은 절대 아니다. 지금은 안정적일 수 있지만 미래의 재무상태는 안전하지 않다는 사실을 깨달아야 한다. **수명은 계속 늘어도 일할 수 있는 시간은 거의 변하지 않는다. 20~30년 일해서 40~50년 생활해야 하는 시대가 왔다. 현재의 안정감에 취해서 손 놓고 있으면 안 된다. 지금 안정적일수록 미래에 안전해지기 위한 추가적인 노력을 해야 한다.** 이를 개인의 투자와 강한 돈, 약한 돈과 연결지어 보자.

약한 돈, 비정기적인 수입을 갖는 일을 하면서 생활비 이외의 투자 여력이 없다면 재무적으로 가장 위험한 상태다. 특히 인센티브 영역이 큰 영업직이나, 계절성이 강한 자영업을 하는 사람들이 이러한 영역에 속한다. 부업을 통해 고정적인 수입원을 만들어내든지, 아니면 비정기적인 수입이라도 일부는 투자력을 만들 수 있게 그 수입 금액의 크기를 늘리려는 노력이 중요하다. 이미 강한 돈을 갖고 있는 높은 급여의 직장인 투자자들 또한 마찬가지다. 결국 소득이 높아진 만큼 씀씀이도 비례해서 커지기 쉽기 때문에, 결국 가처분 소득 이후 투자금이 중요하다. '더 이상 늘리지 않아도 될 수준의 자산'이라면 지키는 투자를 해도 된다. 그러나 대부분의 자산 상태는 그렇지 못하다. 굴리는 투자를 해야 하므로 고정 생활비를 제외한 투자력을 키우는 방향으로 재무구조를 개선해야 한다. 이것이 직장인 투자자가 구축해야 할 투자 시스템의 첫 번째다.

근로소득과 자본소득을 분리해야 한다

직장인 투자자들 대화에서 흔히 등장하는 주제가 있다. '이번에 날린 손해액만 몇 달치 월급이다. 거의 연봉 날렸다. 우울하다' 이런 대화다. 일차적으로 생각해보면 맞는 이야기 같다. 그러나 '옳은 주장'과 '우리가 추구해야 하는 방향의 주장'은 다르다. 위와 같은 투자금=월급으로 치환하는 생각을 갖고 있으면 투자로 돈을 벌기 정말 힘들어진다. 직장인의 투자 성공 기반은 우리의 월급

(근로소득)과 투자금(자본소득)을 완전히 분리해내는 것이다.

쉽게 비유하자면 어릴 때 썼던 저금통 같은 개념이다. 어떤 목적을 가졌을 때 그 목적 달성에 필요한 목돈을 만들기 위해서 용돈을 아끼고 저금통에 넣었다. **이 목돈을 모아가는 과정에서 실패와 직결되는 행동이 있다. 바로 '목표한 돈을 모으기 전에 저금통에서 조금이나마 돈을 빼려는 생각과 시도'다.** 많이도 아니다. '아주 적은 금액만, 아니면 이번 한 번만⋯'이라는 생각으로 시작하지만 한 번이 두 번되고, 처음엔 500원만 빼겠지만 나중에는 거리낌 없이 저금통 배를 갈라버리는 단계까지 쉽게 가버리곤 한다. 그래서 목표 달성에 실패한다.

우리의 투자도 마찬가지다. 직장인 투자 시스템의 핵심은 '저금통(투자계좌)에서 돈을 빼지 않아도 되는 상황'을 만드는 것이다. 전업 투자자들은 별도의 강의나 수익모델을 만들지 않는 이상 고정적인 현금이 적기 때문에 투자계좌의 돈을 지키기 위해 최소 1~2년치 생활비는 미리 빼두는 것이 일반적이다. 반면 직장인들은 고정적인 현금 흐름이 있기 때문에 딱히 별도의 돈을 빼두지 않고 월급에서 생활비를 제외한 대부분의 여유자금을 적립식 적금이나 투자계좌에 넣곤 한다. 이러한 투자 방식이 나쁘지 않으며, 오히려 권장되기도 하지만, 개인적으로 나의 생각은 약간 다르다. 이런 투자 방식을 해도 되는 직장인 투자자와 아닌 직

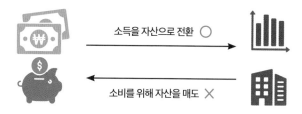

장인 투자자의 케이스가 다르다고 생각하기 때문이다.

생활비 외에 대부분의 여유 자금을 투자금에 넣어도 되는 케이스는? 내 집 마련이 된 경우, 비혼 또는 자녀계획이 없는 딩크족들 같은 경우는 가능하다. 생애주기상 예측가능한 목돈이 한정되어 있고 추가로 들어가는 경우가 적기 때문이다. (어차피 예측 불가능한 목돈까지 대비해서 예비비로 돈을 마련해두는 것은 현실적으로 불가능하므로 제외한다.)

반면 사회초년생이거나, 내 집 마련을 준비하는 과정인 경우 또는 어린 자녀를 둔 경우는 주거지의 이동이나 가족 신변의 변화가 많은 시기이므로, 대부분의 여유자금을 투자자산에 넣기 보다는 어느 정도 안전자산에 분산해 넣어둠으로써, 급하다고 투자자산에서 돈을 쉽게 빼지 않는 것이 더 중요하다. **단기적으로는 안전자산에 돈을 넣어두는 것이 비효율적이라고 생각할 수 있지만 장기적인 관점으로는 안 좋은 투자 습관을 배제하는 것이 더 중요하기 때문이다.**

이러한 일련의 과정을 거쳐 1주택 + 목표 금융자산의 10%를 모은 단계까지 가는 것이 중요하다. 구체적으로는 1주택의 주택원리금 상환이 약 월 150~200만 원 수준으로 관리 가능하고, 금융 투자 자본 2~3억 원을 만들어놓은 상태다. 즉, 근로소득으로 생활비+주택원리금 상환을 제하고 나서 월 150만 원 이상 투자가 가능한 재무 상황, 시스템을 만들었다고 할 수 있다. 나는 이러한 상태를 '궤도에 올랐다'라고 표현한다. (자세한 계산법은 장 끝에 부록으로 정리했다.) 최소한 이 단계를 만드려면 어떻게, 얼마나 걸릴까? 스스로 상황에 맞추어 시간과 방법을 고민하고 시스템으로 만들고자 노력하는 것이 두 번째로 행해져야 한다.

시간의 한계를 인정하고 시스템을 만들자

직장인 투자자의 강점은 앞서 말한 것과 같이 강한 돈(월급)이 있고 자본 소득이 없더라도 생활에 지장이 없으므로 자산의 변동성을 견디기에 유리하다는 것이다. 반대로 단점 또한 명확하다. 투자에 투입할 수 있는 절대적인 시간이 부족하다는 점이다. 시간이 부족할 때 현실적으로 투자할 수 있는 방법은 크게 간접투자(위탁투자), 퀀트투자, 분산투자, 집중투자 네 가지로 나뉜다.

'간접투자'는 증권사 공모펀드 또는 사모펀드에 투자하거나 지수추종 ETF를 적립식으로 매수하는 방식이다. 본업이 너무 바쁘거나 투자 공부 및 분석에 시간을 쏟기 어려운 경우, 또는 직접투자가 안맞는 경우 적합하다.

'퀀트투자'는 특정 재무적 지표(PER, PBR, ROE 등) 또는 기술적 지표(거래량, 신고가, 이동평균성 돌파 등)를 바탕으로 기계적으로 투자하는 방식이다. 투자자의 의사 판단, 결정보다는 기존에 정해진 원칙대로 진행하기 때문에, 투자 과정 중에 들어가는 시간이 적다는 것이 장점이다.

'분산투자'는 투자 매력도가 높은 기업들을 정하고 그 기업들에 대해 비율을 나누어 투자하는 방식이다. 기대 수익률이 높은 순으로 비중을 조절할 수도 있고, 안전마진이 높은 순으로 조정할 수도 있으며, 단기 모멘텀, 촉매가 높은 순으로 조절할 수도 있다. 나만의 액티브 ETF를 운용한다는 개념이므로, 분산투자에서는 포트폴리오 관리가 핵심이다.

'집중투자'는 스스로 분석한 기업들 중에 우선순위를 매기고, 그중 상위 기업 2~3개에 집중 투자하는 방식이다. 가장 어려운 방식이지만 그만큼 성공 시 기대 수익률이 높다. 각 투자 방식별 장단점을 요약 정리해보면 다음과 같다.

분류	장점	단점
간접투자	투자 시간이 없어도 가능	기업 분석역량 늘리기 어려움
퀀트투자	기계적 대응으로 의사결정 시간 적음	개별 기업에 대한 분석 부족
분산투자	낮은 변동성으로 장기투자에 유리	상대적으로 낮은 기대 수익률
집중투자	성공 시 높은 수익률	실패 시 리스크가 큼

결국 어떤 방식이 좋다/나쁘다, 우월하다/열등하다 개념이 아니다. '내가 하고 싶은 투자와 할 수 있는 투자법은 다르다'는 것을 깨닫고 할 수 있는 투자법의 가능과 불가능 여부를 판단하는 것이 가장 중요하다. 이를 판단하기 위해서는 내가 얼마나 투자에 시간을 쏟아부을 수 있는지 여부를 스스로 돌아보는 것과 동시에 각 투자방식이 나의 기질, 성향과 얼마나 잘 맞는지를 확인하고 결정하는 것이 핵심이다.

전업 투자자들의 세계에서는 '쏟아부은 만큼, 자신이 내어놓은 만큼만 가져가라'는 격언이 있다. 그만큼 투자의 세계는 냉정하고 어렵다는 뜻이다. 반면 모든 사람이 이렇게 다 쏟아부을 필요도 없고, 그렇게 하는 것도 불가능하다는 말을 덧붙인다. 직접투자에 적합하지 않은 투자자가 많은 시간과 노력을 쏟아부어 결국엔 실패하는 것만큼 비극적인 것이 없다. **과정이 빈약한 어설픈 성공도 문제지만, 과정이 충실하다고 해서 반복되는 실패가**

정당화되는 것 또한 아니다. 간혹 투자의 결과보다 과정 자체에 몰입하는 경우가 있는데, 이는 주객이 전도된 상황이다. 과정이 멋있었다 하더라도 결과가 나쁘면 실패한 투자에 가깝다.

결국 투자는 수익을 내기 위한 활동이고, 장기간의 수익금, 수익률로 성공과 실패를 판단하기 때문이다. 시간을 더 투자한다고 기대 수익률이 반드시 올라가는 것은 아니지만, 반대로 시간을 덜 쓴다고 수익률이 비례해서 떨어지는 것만은 아니다. 복리의 효과에는 시간이 반드시 필요하지만, 애초에 방향이 잘못되었다면 투입 시간은 큰 의미가 없어질 수 있다는 점을 명심해야 한다. **내가 지금 하는 방법은 시간이 지날수록 나의 계좌를 불려주는 방법인가? 지속 가능한지를 주기적으로 검토해보자.** 내가 어떤 방법으로, 지속적으로 하고 있는지가 더 중요하다. 나의 한정된 시간 내에서 가능한 투자법을 찾고 꾸준히 돈을 넣을 수 있는 시스템을 만들어보자. 이것이 마지막 단계다.

벽돌이 쌓인다고 집이 되지 않듯이 시간이 쌓인다고 삶이 만들어지지 않는다.

　　　　　　　　　　　　　　　　　　　　　　- 에리스 로럴드 미리에리

현실적인 통계와
투자 목표에 대해

일반적으로 학교나 회사에서 주식 투자하는 사람들을 만나 이야기할 기회는 많지 않다. 있다고 해도 본인의 투자를 잘 드러내지 않기 때문에 대부분 온라인에서 투자 관련 정보나 의견 교환 등을 활발히 한다. 이렇게 온라인에서 보면 대단한 투자자들이 참 많아 보인다. 젊은 나이에 많은 부를 이룬 사람들을 보면 부러움이 들면서도, "나는 이대로 가도 괜찮은 걸까?" 하는 생각으로 약간의 걱정과 위축이 든다. 그러나, 실제 통계를 보면 현실은 다소 다르다.

통계에 따르면, 지난해 2023년을 기준으로 개인 투자자의 평균 주식 보유 금액은 7,245만 원이다. 생각보다 적지 않은 금액이라 생각할 수도 있지만, '평균'의 함정이 있다. 중간값인 평균mean은 7,000만 원이나 중위값medium으로 계산하면 훨씬 낮기 때문이다. 1,000만 원 미만으로 투자하는 사람이 56.3%, 1,000~5,000만 원으로 투자하는 사람이 23%, 10억 원 이상으로 투자하는 사람이 0.48%다. 최상위 0.5%의 사람이 전체 금액의 50% 가까운 주식을 보유한 것이다. 이런 현상을 파레토의 법칙◆이라고 한다(부동산도 1%의 자산가가 50% 가까운 부동산을 보유하고 있다). 통계를 기반으로 추정해보면 순수 주식 투자금이 1억 원 이

◆ 80대20 법칙(80-20 rule)이라고도 한다. 전체 결과의 80%가 전체 원인의 20%에서 일어나는 현상을 가리킨다.

상이면 이미 상위 10% 수준이고, 2~3억 원 수준이면 상위 5% 정도로 추정할 수 있다.

여기서 주식 투자금 2~3억 원이 중요한 이정표다. 보통 금융자산 20~30억 원이 경제적 자유의 현실적인 목표라고 한다면 최종 목표의 10%를 유의미한 시드머니라고 보기 때문이다. 즉, 순금융자산 2~3억 원(부동산 제외 순수 주식투자 금액)을 경제적 자유의 1차 도달 목표로 정할 수 있다. 그래서 앞서 이야기한 '궤도에 올랐다'는 자산을 '실거주 주택 + 주식투자금 2~3억 원 + 월 150만 원 이상 적립 투자할 수 있는 재무 상태'로 설정한 것이다. 이 정도 기반만 만들어둘 수 있다면, 그 이후로는 직장생활을 병행하면서 큰 무리 없이 꾸준히만 해도 퇴직 전에 충분히 노후 준비 끝낼 수 있다. 흔히 말하는 최소한의 종잣돈을 모으는 과정은 이른바 덧셈과 뺄셈의 과정이다. 소비에서의 낭비(뺄셈)를 줄이고 소득에서의 저축(덧셈)만 잘해도 5,000만 원~1억 원까지는 시간의 문제일 뿐 달성 가능하다는 점에서 그렇다. 그러나 그 이후는 곱셈(복리효과 수익)과 나눗셈(복리효과 손실)의 영역이다. 10억 원을 저축으로만 만드는 사람은 없기 때문이다.

예를 들어 1억 원을 (추가로 넣는 투입금 없이) 연평균 16%로 굴리면 16년에 10배가 된다. 그래서 보통 사회생활을 27~28세에 시작한다고 생각하면 45세까지 금융자산 10억 만들고 은퇴 준비를 끝내는 투자 플랜과 루틴, 시스템 만들기가 목표다. 반면, 정말 0원에서 시작하는 경우라면 우선 월 150만 원씩 저축해서 3년 동안(그동안 투자 공부를 했지만 수익이 없었다고 가정) 5,400만 원을 만드는 것이 시작이다. 종잣돈 5,000만 원에 월 150만 원(연 1,800만 원)을 납입하면서 연평균 16% 복리로 수익을 내면 9년에 5억 원, 13년에 10억 원이 만들어진다. 물론, 투자를 몇 년 간 해본 사람이라면 이 목표치가 그나마 '현실적'이라는 것이지 결코 '쉬운' 목표는 아니라는걸 알 것이다. 특히, 다른 분야에서의 도전과 마찬가지로 투자 또한 기반을 마련하는 초기 단계가 가장 지루하고 길고 힘들기 때문이다. 사실, 부모님 도움이 있거나 또는 소득이 많거나, 투자 실력이 높다면 훨씬 더 앞당겨질 것이다. 그러나, 부모님의 도움은커녕 찢어지게 가난한 집에서 자란 사람은 얼마나 걸리든 '제로투원(10억)'의 영역만 달성해도 대단한 것이다. 이와 관련해서 개인적으로 좋아하는 투자자 송종식 님의 글귀가 있다.

> 부모님에게 시드머니를 1억 원이나 3억 원쯤 받고, 생활비 걱정 없이 생활하면서 투자도 마음 편하게 한 사람하고, 홀몸으로 상경해서 고시원에서 매일 생존이 걱정이었던 사람의 성과를 결과가 같다고 해도 같게 볼 수 없다. 정규직 초년생 직장인들도 1억 원 모으려면 몇 년 동안 갈릴 각오를 해야 한다.

젊은 시절 1년은 중/노년기의 5년보다 값어치 있다. 부모 지원은 인생을 압도적으로 줄여주는 것. 도움이 없다면 정말 이 악물고 나아가야 한다.

이것은 사회에서도 마찬가지고, 직장인 투자자들을 만나도 마찬가지다. 같은 곳에서 같은 일을 한다고 해서 같은 상황이 아닌 것처럼 같이 투자한다고 해도 각자 상황이 다르기 때문이다. 특히 같은 월급을 받더라도 주택담보대출 원리금을 상환하느냐 안 하느냐, 그 대출금 상환으로 인한 DSR(총원리금부채상환비율)이 잡히느냐 안 잡히느냐, 이 차이가 투자를 하는 데도 가용 레버리지 부문에서 큰 격차를 만든다. 주변에 투자하시는 분들도 알고 보면 원래 부자였던 분들도 별로 없지만 그렇다고 이른바 완전 흙수저라고 불릴 만한 분도 많지는 않더라.

나 또한 누군가에게 "어떻게 그 나이에 집도 있고 투자도 그정도 규모로 운용해요?"라고 솔직히 물어본 적이 있다. 그런데 돌아온 답변은 "부모님이 청약돼서 주신 집 혹은 매수하고 내려가서서 받아서 살고 있는 집이 있어요"라고 해서 약간의 배신감과 부러움이 들었었기도 했던 기억이 있다. '실거주 1주택 = 투자자산 아님 = 중립 포지션' 명제는 사실이지만, 대부분은 이것조차 쉽지 않다. 나 또한 투자하면서 가장 답답했던 것 중 하나로, 입사해서 몇 년간 열심히 모아서 시드머니를 만들고 그걸로 열심히 굴려서 눈덩이를 좀 크게 만들어가는 과정에서 고비를 만나게 되었던 경험이 있다. 주택 마련을 준비하는 순간 최소 자기자본 3~4억 원 + 주택담보대출을 받으며 눈덩이를 다시 뭉개서 다시 깔고 앉아야 하는 결단의 순간을 마주하기 때문이다. 혹자는 이런 질문을 하기도 했다.

"갭투자로 사놓고, 당분간 월세 더 살면서 주식으로 굴려서 나중에 매수해도 되지 않나요?"

맞는 말이다. 그러나, 이것은 가정마다 상황이 다르고, 가치관을 어디에 두느냐에 따라 다르기 때문이다. 나의 경우, 아내와 둘이 살 때야 투룸 빌라에 살아도 전혀 문제가 되지 않았지만 자녀가 태어나는 시점에는 달라야 한다고 생각했다. 양가 부모님에게 육아를 도움받기도 어려운 상황에서 수년간 묵묵히 몸테크를 불평 없이 해준 아내의 의견도 무시할 수는 없었기에 그렇다. 결국 앞으로 가족이 편히 지낼 수 있는 집을 사고, 인테리어 비용을 지출해야 한다. 그 과정에서 부모님의 지원이 없다면 주식 투자금을 리셋해야 하는 시점이 필연적으로 생기기 마련이다. 게다가 주식 투자자들은 "깔고 앉는 돈 대신에 이 돈을 재투자해서 운용하면 기대 수익률 차이가 얼만데…" 하는 생각이 들면서 고민이 더 커질 수밖에 없기 때문이다. 나도 마찬가지였고, 다시 눈덩이를 모으는 과정이 더 힘들었던 것 같다.

실거주 1주택 + 주식투자금 2~3억 원

누군가에게는 출발점이지만 누군가에게는 그 출발점까지 서는 것조차, 그 여정마저 험난한 것이 사실이다. 투자 공부와 과정을 열심히 기록하고 공유하다 보면 주변에 동료 투자자들이 생기고, 그러다 보면 나보다 수익률도 높고 자산이 큰 사람들을 만나게 된다. 심지어는 30대에 수십 억원을 벌었다는 사람도 만나게 되고, 대학생임에도 10억 원 이상 굴리는 투자자도 있다. 아는 대표님이 후배 중에 나와 같은 대학 출신이고 동갑인데, 300억 원을 굴리는 사람이 있다는 말을 들은 순간에는 어쩔 수 없이 자괴감이 들었다. 그러나 어쩌겠는가. 비교하기 시작하면 끝이 없다. 사실 다른 사람의 수익과 자산이 내가 가야 할 길과 무슨 상관이 있을까? 그때 들었던 조언이 아직도 가슴 속에 남아있다.

"지금 기회를 놓치면 인생이 끝난 것 같겠지만 기회는 무수히 옵니다. 주식시장에 들어왔다는 것만으로도, 주식시장에서 수익을 내고 있다는 것만으로도 앞서고 있는 것이며, 다른 사람이 어떻게 벌든 상관이 있나요? 나의 자산이 전보다 늘고 있고 그 과정을 반복할 수 있는지가 더 중요합니다. 시간을 내 편으로 만들고 있으면 그걸로 족합니다."

그러므로, 슬퍼할 필요는 없다. 아니 슬퍼하면 안 된다. 어차피 슬픈 일을 내가 군이 스스로 만들지 않아도 힘든 일은 많기 때문이다. 할 수 있는 것을 생각해서 해야 한다. '천재는 흘려보내라'는 말처럼 나보다 좋은 환경에 있는 투자자 또한 '흘려보내면 그만'이다. 자신의 길을 가는 것이 중요하고, 결국 내 방식대로 나의 목표에 도달할 수 있느냐만 집중하자.

3장

실전을 위한
직장인 투자자의 필수 루틴

시간이 없다는 말을
없애는 세 가지 방법

이번 챕터에서는 실전 투자 루틴을 세우기 위한 사전 준비 단계, 실전 루틴 수립 및 기록 노하우 등의 내용을 풀어가고자 한다. 결국 '루틴'이라는 것은 해야 할 일을 규율에 따라 꾸준하게 해내는 것이며, 그 규율을 만드는 토대는 신중하게 짜여진 계획이다. 이 계획의 핵심은 심플하다.

목표를 설정한다 → 목표 달성을 위한 시간을 배치한다

너무나도 단순한 구성이지만 계획과 실천은 생각보다 쉽지 않다. 왜 그럴까? 누구나 하루 24시간이 주어진다. 그러나 그 24시간을 제대로 활용하는 사람은 적다. 오히려 '시간이 부족하다'고 말한다. 결국 둘 중에 하나다. 낭비하는 시간이 많거나, 아니면 자신의 능력 대비 목표를 너무 높게 잡고 있거나. 이러한 부분을 해결하기 위해서는 세 가지 개념에 집중해야 한다.

1) 낭비하는 시간 제어 → 시간 관리 기법
2) 자신의 능력에 맞춘 목표 수립 → 메타인지
3) 달성을 위한 허들 낮추기 → 소시지 전략 (잘게 쪼개기)

시간 관리 기법: '시간'이 문제일까?

"할 시간이 도저히 없었어요."

흔히 어떤 일을 미루거나 못했을 때 하는 변명이다. 과연 그럴까? 만약 그것을 시간 내에 처리할 경우 큰 보상이 주어지는 상황이었다면 정말 시간 내에 하지 못했을지 생각해보자. **어떤 것을 미루는 가장 큰 이유는 바빠서라기보다는 그 일의 비중이 낮기 때문이다.** 많은 사람들이 건강이 최고라고 말하지만 식단 조절과 운동을 소홀히한다. 맛있는 음식과 휴식을 더 우선순위에 두고 있기 때문이다. 돈이 없다고 불평하면서도 추가로 소득을 만들기보다 담배와 술로 스트레스를 푸는 것은 돈보다 당장의 스트레스 해소가 우선이기 때문이다. 똑같은 시간 속에서 우선순위의 차이일 뿐이다. 어떤 것을 하는데 시간이 없다면 그것은 사실 내게 덜 중요했다는 것이고, 만약 중요한데도 시간이 없다면 그것은 시간 관리를 엉망으로 하고 있다는 뜻이다. 정리해보면 시간 관리에는 두 가지 개념이 핵심이다.

1) 어떤 일에 시간을 쓸 것인가?
2) 그 시간을 어떻게 확보할 것인가?

이 두 가지를 구체화하고 내가 할 수 있는 방법을 찾아야 한다. 우선 '어떤 일에 시간을 쓸 것인가'를 결정할 때 개인적으로 도움되었던 툴을 소개한다. 바로 '아이젠하워 매트릭스'로, 가장 먼저 이것부터 작성해보길 바란다. 이 툴을 통해 내가 해야 할 일들을 긴급 여부와 중요도 여부를 기준으로 네 가지 종류로 구분할 수 있다. 그리고 네 가지 일들마다 해야 할 행동까지 제시했다.

한번 차분하게 생각해보자. 아마 대부분의 사람들은 2번 리스트를 작성하는 과정에서 중요한 것들 중 어떤 것을 1번으로 올려서 먼저 처리해야 되는지 고민하게 될 것이다. 이때 도입할 수 있는 개념이 '원씽one thing'의 접근법이다. 베스트셀러 『원씽』의 저자

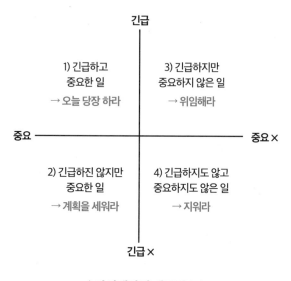

| 아이젠하워 매트릭스 |

게리 켈러Gary Keller, 제이 파파산Jay Papasan은 다음과 같은 질문을 던진다.

"탁월한 성과는 당신의 초점을 얼마나 좁힐수 있느냐와 밀접하게 연결되어 있다. 더하기가 아니라 빼기다. 당신이 이번 주에 할 수 있는 일 중 다른 모든 일을 제쳐 두고서라도 꼭 해야 할 '단 한 가지 일the one thing' 그것은 무엇입니까?"[8]

여기에 더해 중요도가 비슷하다면 하나의 일을 처리함으로서

1타 N피가 될 수 있는 일의 우선순위를 높이고 먼저 수행해야 한다. 즉, **의미있는 일에 의미있는 시간을 넣어야 한다.** (그러나 대부분은 시간을 흘러가는 대로, 생각나는 대로 쓰기 때문에 모여야 하는 시간과 힘이 분산되어 버린다.) 나에게 있어서 가장 중요한 것은 '나의 시간 통제권'을 내가 갖는 것이었고, 그것을 위해서는 경제적으로 자립이 필요했다. 나의 '시간 통제권'과 '경제적 자립' 둘 다 이룰 수 있는 일이 무엇인지 고민해봤다. 근로소득으로는 한계가 있었고 '나의 시간을 절약하면서 투자하는 방법'을 찾아야 했다. 이를 가장 우선순위에 두니 내가 해야 할 일이 명확히 보였다. (나의 경우 투자 공부를 '효율적'으로 할 수 있는 방법을 찾아 다듬어 나가면서 정리하고 기록하는 것이었다.) 포커싱을 제대로 하면 내가 시간을 써야하는 방향과 양이 보이기 시작한다.

그다음으로는 '그 시간을 어떻게 확보할 것인가'의 고민이다. 대부분의 직장인 일과는 다음과 같이 구성된다. 하루 24시간 중 직장에서의 9시간(근로 8시간+휴게 1시간)을 제하고 나면 남은 것은 15시간이다. 이 중 평균 수면 시간인 7시간을 제외하면 최대 8시간이 남는다. 물론 이 8시간에는 아침, 저녁 식사 시간과 출퇴근과 그 준비 시간, 가사 및 육아 일들이 포함되어 있으니 사람마다 개인차가 있을 것이다. 그러나 결국 남은 8시간을 가지고 어떻게 활용하느냐의 싸움이다. 그래서 처음 루틴을 정할 때, 내가 시간을 어떻게 쓰는지 사용 현황을 체크했다. 우선 현재의 하루를 되돌아보는 것부터 시작이다. 오래 걸리지 않으니 책을 잠깐 옆에 두고 다음을 따라하길 바란다.

1) 차분하게 책상이나 식탁에 앉아서 다이어리 또는 핸드폰 메모장을 켜보자. 그리고 어제 또는 오늘 하루 있었던 일, 했었던 일들을 '시간 순서가 아닌 생각나는 순서'로 적어본다.
2) 리스트 옆에 활동을 하는 데 걸렸던 시간과 시간대, 활동 후 느낌을 적는다.

이러한 일련의 작업을 하면 느끼는 점이 있다. 첫째, 바로 생각나는 순서가 그 일의 중요성 또는 몰입도 및 완성도를 의미한다. 그런데 적다 보면 내가 중요하다고 생각한 것과 그 일에 쏟아부은 시간이 불일치하는 부분이 있을 것이다. 그 불일치 정도가 내가 현재 시간을 비효율적으로 사용하고 있음을 알려준다. 이 비효율적인 시간을 잡아내는 것이 시간 확보의 핵심이다.

둘째, 시간대를 적어보면, 시간이 딱딱 맞아떨어지지 않을 것이다. 이른바 시간이 꽉 채워져 있지 않고 은근히 비는 시간이 많은 '시간대'가 있다. 그 남는 시간은 자투리 시간이었거나 혹은 알고 있지만 부끄러워서 차마 못 적은 시간(게임을 하거나 유튜브를 보거나 잡담 등의 시간들로 낭비한 시간)일 것이다. 이 시간의 총량을

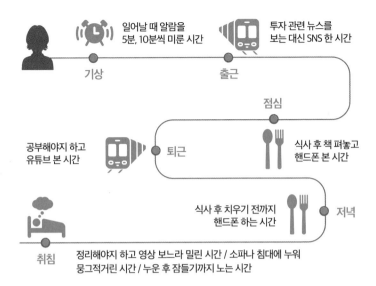

| 직장인의 하루 중 낭비되는 시간은? |

모아보고 어떻게 관리할지를 생각해보는 것이 또 하나의 시간 관리 핵심 요소가 된다. 어중간한 시간이라는 핑계로, 휴식이라는 핑계로 우리는 할 일을 알면서도 습관적으로 미뤄버린다. 이런 미룬 시간들을 조각 모음 해보자.

대부분 시간 관리가 비효율적이었던 경우 이러한 시간만 모아도 하루 최소 1시간에서 1시간 30분 정도가 추가로 확보된다. 투자할 때 필요한 종잣돈과 같이 이렇게 모은 시간이 투자 공부를 위한 가장 기본적인 '씨드 타임'이 된다.

메타인지: 측정할 수 없다면 개선할 수 없다

시간을 쪼개서 열심히 모은다 한들 그 시간에 무엇을 할 수 있는지 모른다면 활용이 불가능하다. 여기서 이 시간을 활용하기 위해 적용하는 것이 '메타인지' 개념, 즉, 여기서는 내가 해당 시간 동안 무슨 일을 얼마나 할 수 있는지를 아느냐가 중요하며, 핵심은 '수치화'다. "중간에 짬 나면 그때 조금씩 투자 공부해야지, 활용해야지"라고 사람들은 막연하게 생각한다. **그러나 막상 시간이 나더라도 생각처럼 공부가 잘되지 않는다. 왜 그럴까? 자신 스스로조차 시간이 나면 내가 그 시간 동안 무엇을 할 수 있는지 모르기 때문이다.** 그러므로 구체적으로 행동하는 데 몇 분이 걸리는지를 알아야 시간 활용이 가능하다.

투자 관련 행동에서의 나의 예를 들면 다음과 같다. 모두 투자 공부에 필요한 활동들이지만 각각 시간이 적고 많이 걸리는 여부에 따라서 분류가 되고, 집중도(시간의 연속적 투입 필요 또는 집중력 필요)에 따라서도 시간이 날 때 할 수 있는 작업이 달라진다. 이렇게 미리 한 번쯤 적어보거나 생각해보는 게 별것 아닌 행동 같아 보이지만, 실행해보면 효과는 상당히 크다. 앞서 말한 것처럼 의사결정 단계를 한 단계 줄임으로서 빠르게 실행하게 만드는 효과가 있기 때문이다.

	예상 시간 (분)	집중 필요 여부	하는 시점
투자 뉴스 읽기	3분 이내	×	불특정, 스폿 시간
텔레그램/블로그 읽기	3~5분 이내	×	불특정, 스폿 시간
리포트 읽기	10분 내외	△	비정기적인 여유시간
컨텐츠 정리하기	10~30분	○	점심시간
투자 기업 팔로업 (피드)	10~30분	○	출/퇴근, 이동시간
독서	10~30분	○	출/퇴근, 이동시간

일상생활을 하다가 갑작스럽게 시간적 여유가 생길 때도 매우 유용하다. 예상 시간을 알기에 무엇을 해야 할지 명확하기 때문 이다.

1) 시간이 생겼다 → 무엇을 할지 생각한다 → 실제로 행동한다.

2) 시간이 생겼다 → (정해진 시간에 따라) 실제로 행동한다.

게다가 원래 사람은 '무의식'에 영향을 많이 받기 때문에 환경 과 기본값(나의 평소 행동, 습관)이 중요하다. 대부분 시간이 생겨 도 쉬거나 놀기 때문에 특별한 계획이 없다면 주변 사람들에게 동조화될 수밖에 없다. 이는 사회적 디폴트 효과Social Default Effect◆

◆ 주어진 상황의 선택지에 대해 강한 본인의 의견을 갖고 있지 않으면 주변 사람들의 행위 를 단순히 따라가는 형태의 선택을 하는 현상.

로 심리학적 연구 결과로도 입증된 바 있다. **그러나 우리는 남들과 다른 길을 가려고 노력하는 사람들이 아닌가?** 그러므로 할 일들이 미리 디폴트 값으로 정해져 있어야 하고 그 순간의 선택 또한 즉흥적인 사람들과는 달리 지켜져야 한다.

소시지 전략: 한 번에 목표를 이루는 방법은 없다

큰 목표를 이루는 데 많은 시간이 소요되는 것은 사실이다. 그러나 그 시간이 꼭 연속적으로 투입될 필요는 없다. 그러나 많은 사람들은 목표를 빨리 이루려는 욕심 때문에 본인들이 몰입할 수 있는 '기준'에 억지로 목표를 끼우려고 하다 보니, 중간 과정을 건너뛰거나 비현실적인 계획을 세우게 된다. 그 결과, 대부분은 목표 달성에 실패하게 된다. **그러므로 반드시 이뤄야 할 목표라면 너무 작아서 실패하기 어려울 정도로 할 일을 작게 쪼개는 것이 효과적이다.** 목표를 달성하기 위해 할 일과 시간을 작게 나누는 방법은 1637년 철학자 데카르트가 '소시지 전략'이라는 이름으로 고안한 것이 있다. '소시지 전략'의 핵심은 단계를 잘게 쪼개어 단계별 성취 난도를 낮추는 것이다. 목표를 잘게 쪼개는 방법은 두 가지 방식이 있다.

1) 정량적으로 나누기 예) 스쿼트 100개 하기 → 20회씩 5회하기

2) 난이도에 따라 단계로 나누기 예) 글쓰기 → 글감 모으기

두 가지 방식 모두 시도에 대한 허들을 낮춰 일단 시작을 쉽게 만들어준다는 것과 단계별로 작은 성취라도 보상을 줘서 지속 가능하게 해준다는 장점이 있다. 투자 공부를 위해서 나만의 리포트를 작성해본다고 생각해보자. 처음 투자 리포트를 쓰려고 한다면 막연한 생각이 드는 것이 당연하다. 그러나 리포트의 구성을 쪼개면 내가 준비하고 실행할 것들도 잘게 쪼개볼 수 있고, 조금 더 수월하게 작성해볼 수 있다. 나 또한 하나의 리포트를 쓰는데 약 4시간 정도가 소요된다. **직장생활을 하면서 퇴근 후 육아와 집안일까지 하는데 주중이든 주말이든 나에게 한 번에 4시간이라는 긴 시간이 주어지는 경우는 극히 드물다. 그러므로 단계별로 쪼개서 자료를 모아두고 틈틈이 작성할 수밖에 없다.**

한 번에 작성하기가 어려우므로 단계별로 쪼개고, 그 안에서도 틈틈이 자료를 모아두면서 작성한다. 각 단계별로 동일한 시간이 걸리는 것은 아니지만 적어도 30분 이내로 완성할 수 있는 작은 단계로 세분화해보면 완성에 도움이 된다.

내가 작성하는 리포트에 들어가는 구성 요소와 순서들을 쪼개

리포트 구성 요소	필요한 자료	순서 및 목표
사업 구조	사업보고서, IR 자료 등	1) 작성할 자료 발췌
성장성 분석	산업 동향, 수출입 동향 등	2) 주요 지표 도출
경영진 분석	뉴스, 인터뷰 등	3) 사건 사고 위주 정리
재무제표	사업보고서, 리포트 등	4) 기업 체력 분석 (부채, 현금 흐름)
기술적 분석	산업, 경쟁 기업 및 매크로 지표	5) 가격 변곡점, 당시 이슈 정리
밸류에이션	리포트, 다른 투자자 분석 등	6) 미래 실적 추정
요약 및 투자 의견	나의 생각	7) 투자 결정

서 표로 정리해봤다. **사람들은 시간이 부족하다고 말한다. 그러나 시간이 남아돌아서 성과를 내는 사람은 없다.** 시간이 많은 것과 시간을 잘 활용하는 것은 별개의 문제다. 전업 투자자라고 해서 모두 투자에 성공하는 것이 아니며 직장인 투자자라고 해서 투자에 성공하지 못하는 것 또한 아니다. 성공할 사람은 방법을 찾고, 하기 싫은 사람은 핑계를 찾을 뿐이다. 결국 시간은 나의 목표에 따라 활용하는 방법을 찾아내서 쓰는 방법 외에는 없다. 시간 관리(모으기), 메타인지(역량 체크), 소시지 전략(목표를 단계별로 잘게 쪼개기) 이 세 가지 개념을 중심으로 실전 루틴을 직접 만들어보자.

그대는 인생을 사랑하는가? 그렇다면 시간을 낭비하지 말라. 시간은 인생을 구성한 재료니까. 똑같이 출발했는데, 세월이 지난 뒤에 보면 어떤 사람은 뛰어나고 어떤 사람은 낙오자가 되어있다. 이 두 사람의 거리는 좀처럼 접근할 수 없는 것이 되어버렸다. 이것은 하루하루 주어진 시간을 잘 이용했느냐 이용하지 않고 허송세월했느냐에 달려 있다.

- 벤자민 프랭클린

투자 기록의 효율을
끌어올리는 사전 작업들

투자 공부와 기록을 꾸준히 블로그와 텔레그램 등에 업로드하다 보면 자주 받는 질문이 있다.

"어떻게 직장을 다니고 육아도 하면서 매일 그 많은 자료들을 다 읽고 글까지 쓰세요?"

"루틴이나 시간 관리는 어떻게 하세요?"

이 질문에 답변할 때마다 꼭 하는 말이 있는데 바로 '루틴'에 대한 정의와 마인드셋을 강조한 부분이다. "매일 하는 것이 어렵다"라는 생각을 버리고 "매일 하는 것이 가장 쉽다"라는 시각으로 바라보고 행동해야만 한다고 말이다.

"평범한 것을 매일 평범한 마음으로 행동에 옮기는것이 바로 비범한 것이다."

사람들은 흔히 앙드레 지드Andre Gide가 한 말을 인용하며, "매일 하는 것이 어렵다, 매일 실천하는 사람이 대단하다"라는 말들을 하곤 한다. 나 또한 예전에는 "루틴, 꾸준함을 지키는 것 자체가 쉽지 않지"라는 정도의 의미로 받아들였다. 그러나 약간 관점을 달리 해보면 이렇게 다시 해석할 수 있다.

"비범한 목표를 가진 사람들에게 매일 행동하는 것은 평범한 것이다"

평범한 사람들이 평범한 마음으로 꾸준히 하는 것은 비범한 일이지만, 비범함을 꿈꾸면서 이뤄낸 사람들에게는 그러한 루틴 지키는 것은 대단한 일이 아니라는 것이었다. 사실 각자의 성공 경험을 되살려 생각해보자. 벼락치기로 성공한 사례보다는 어떠한 목표를 달성할 때 매일 꾸준히 하는 게 가장 효율적인 방법이었던 것임을 알 수 있다. 난이도로 따져봐도 가장 쉽다. 예를 들어, 1년에 글을 365개를 쓰겠다고 생각하면? 일주일 중 6일 쉬고 7일째에 7개를 하루에 쓰는 것보다 한 개씩 매일 쓰는 것이 가장 쉬운 방법이다. 책을 쓴다? 하루 한 페이지라도. 아니 한 문장이라도 매일 쓰는 게 가장 쉽다. 시험 공부도, 운동도 대부분의 경우 목표가 있다면 매일 목표를 나눠서 꾸준히 하고 휴식을 병행하는 게 가장 쉽고 효율적이다.

그런데 왜 매일 하는 것을 어렵다고 생각할까? 사람마다 편차는 있겠지만 '애초에 완수할 의지가 별로 없었기 때문'인 경우가 많다. 불편한 진실이다. 특히 목표를 자기 자신이 직접 세운 것이 아니라 사회적 기준이나 압박에 못 이겨 세운 경우는 더더욱 그렇게 되기 쉽다. 수동적으로 세운 목표들의 경우 치열함, 절박함도 없고, 그냥 남들이 한다고 하니, 목표는 세워야겠고, 세워놓고 보니 달성하려면 매일 꾸준하게 해야 되는 데 귀찮고, 동기부여도 안 되니 여차하면 포기하게 되고, 이런 과정이 반복된다. 그 결과, "아 원래 매일 꾸준히 하는 게 어려운 거구나!" 하며 남들을 추켜세우고 자기기만과 합리화를 하게 된다. **그러나 사실 우리가 꿈꾸는 성공, 부자가 된다는 목표 자체가 비범한 것이다.**

그렇다면 성공을 위해 달려가야 할 때 일반 사람의 입장에서 생각해야 할까, 비범한 사람 입장에서 생각하고 행동해야 할까? 목표가 분명하다면 매일 하는 게 가장 쉽다. 일찍 일어나는 것도 매일 일찍 일어나는 게 적용하기 쉽다. 하루는 새벽에 일어나고 하루는 늦잠 자는 것? 그게 더 힘들다. 개인적으로 좋아하는 개념을 도식화했다.

습관은 무의식적으로 하는 것이고 루틴은 의식적으로 노력하

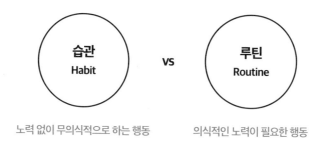

| 습관과 루틴의 차이 |

는 것이다. 루틴은 다른 말로 '일상'이라고 표현할 수도 있다. 남들이 보기에 대단하다고 느끼는 것을 그냥 습관처럼 일상처럼 아무렇지 않게 해내야 한다. 그런 사람들이 목표를 이룬다. "매일 꾸준히 하는 것 자체가 어렵다, 대단하다"는 생각 자체를 버리면 루틴과 규율의 중요성이 자연스럽게 올라올 수밖에 없다. **매일 꾸준히 하는 게 가장 쉽다. 어차피 달성할 목표고, 내가 해야 할 것이라면 말이다.**

30분 단위로 하루를 쪼개보자

이제 루틴을 작성해보자. 보통 시간표를 1시간 단위로 계획하는 사람들이 많은 편인데 개인적으로 시간 관리 단위는 '30분'으로 설정한다. 바쁜 직장인, 특히 육아를 겸업하는 사람들의 경우 1시간의 여유가 통으로 생기는 경우는 드물기 때문이다. 그렇다고 10분, 15분으로 한정하면 해당 시간에 처리할 수 있는 루틴의 범주가 너무 좁아지게 된다. 집중력과 처리 효율을 고려했을 때 30분이 적합하다. 사람들이 대표적으로 해야 하는 일, 하고 싶은 일의 리스트를 다음과 같이 분류해볼 수 있다.

해야 하는 일 / 하고 싶은 일	필요 시간 단위 (1 = 30분)	소시지 전략 효율
운동, 체력 관리	2	낮음
글쓰기	1	낮음
부업/사업 구상	2	낮음
재테크 공부	2	보통
자기계발	2	보통
독서	1	높음
집안일	1	높음

여기서 '소시지 전략 효율'은 한 번에 30분을 활용할 때의 성과와 10분, 10분, 10분 이렇게 시간을 나눠 투입할 때의 목표 달성 효율의 차이가 큰지, 작은지를 구분하는 개념이다. 왜 이런 개념을 루틴에 도입해야 할까? 각 루틴 업무의 효율성을 극대화하

기 위해서다. **대부분의 사람들은 루틴을 설정할 때 '필요한 시간'만 고려하는 경우가 많다. 그러나 실제로 루틴을 진행하다 보면 어떤 한 행동에서 다음 행동으로 넘어갈 때, '작업 전환의 비효율성'을 느끼는 순간이 있다.** 예를 들어 강의 시청, 집안일 등은 해야 하는 일이지만 비교적 수동적인 행위들이다. 이런 행동들은 불특정하게 발생하는 여유시간에도 나눠서 달성 가능하다. 독서의 경우 소설이나 에세이와 달리 투자 관련 공부 서적은 30분을 쭉 이어서 읽을 때와 10분, 10분, 10분 나누어서 읽을 때 효율의 차이가 크지 않은 영역이다. 서사적 흐름을 연속해서 이해해야 하는 것이 아니고 내가 필요한 부분을 찾아 읽는 개념이므로 '집중력과 몰입'보다는 '하고자 하는 의지'가 중요한 영역이기 때문이다. 반면, 글쓰기나 운동 같은 경우 10분씩 세 번 하는 것보다 한 번에 30분을 쓰는 것이 더 효율이 좋다. 능동적인 활동임과 동시에 워밍업이나 몰입에 필요한 시간이 포함되어야 하기 때문이다. 게다가 다른 업무를 하다가 순간적으로 전환하기가 어려운 행동들이다. 따라서, 온전히 확보될 수 있는 시간대(출근 전 또는 가장 마지막 시간)에 우선적으로 배치되어야 한다. 이를 바탕으로 하루 일과표를 작성해보자. 나의 예는 다음과 같다. 괄호 안은 필요 시간 단위를 의미한다. (2시간을 30분으로 나누면 4개가 나오는 식이다.)

6:00~6:40 기상 및 출근 준비

6:40~7:10 글쓰기 (1)

7:10~8:10 출근하며 독서 및 자료 모음 (2)

8:10~8:40 자료 작성 (1)

09:00~18:00 업무

18:00~20:00 자기계발, 자료 모음 (4)

20:00~21:30 식사, 육아

21:30~22:30 집안일, 하루 정리 (2)

22:30~24:00 개인 시간 (3)

업무 및 식사, 육아시간을 제외한 모든 여유시간을 끌어모으면 30분이 13개, 즉 6시간 30분이 된다. 개개인에 따라 집중할 수 있는 시간의 총량과 환경은 다를 것이다. 각자의 상황에 맞게 배치하면 되겠으나, 각 시간별 효율을 고려하는 것이 루틴 관리의 핵심이다. 예를 들어, 위 리스트에서 6:40~8:40까지는 2시간이지만 상세하게 뜯어보면 똑같은 2시간이 아니다. 6:40~7:10은 내가 책상에서 앉아서 집중하며 사용할 수 있는 시간이고, 7:10~8:10은 출근 이동 중의 1시간이기 때문에, 서 있어야 한다. 따라서 간단하게 모바일로 작성하거나 독서 정도밖에 활용할 수 없는 시간이다. 회사에 일찍 도착해서 업무 전, 8:10~8:40 시간은 앉아서 내 마음대로 활용할 수 있는 시간이다. 그래서 글쓰기(6:40~7:10), 독서 및 자료 모음(7:10~8:10), 자료 작성(8:10~8:40)으로 구성했다. 퇴근길의 시간 또한 마찬가지로 혼잡도와 집중도 등 환경을 고려해 배치한 결과다.

텔레그램은 훌륭한 자료 수집 도구

재테크 공부, 자료 수집, 작성의 경우 조금의 노하우를 곁들이면 효율을 끌어올릴 수 있다. 보통 블로그나 카페 또는 에버노트 같은 앱을 이용해서 투자를 기록하는 사람들이 많다. 나의 경우 그중에서도 텔레그램을 적극적으로 활용하고 있다. 텔레그램이라는 메신저를 통해 많은 자료가 공유되므로 자료를 검색하는 용도로도 좋지만 1차 자료 수집 용도로도 가능하다. 특히 텔레그램 앱 특성상 자료를 분류/보관하는 아카이브 용도로 활용하기가 매우 좋다.

별도의 추가적인 설정을 하지 않는다면, 텔레그램 메신저를 설치한 후, 기본 정렬 상태는 '모든 대화방'에 텔레그램 채널들이 한 곳에 쌓여있는 형태일 것이다. 초기에 추가한 채널이 적을 때에는 크게 문제가 되지 않지만, 공부하는 시간과 범위가 늘어나

| 텔레그램 활용의 예 |

게 될 때, 채널이 많이 추가되면 될수록 자료를 체계적으로 정리해야 효율적으로 활용할 수 있다. 위의 오른쪽 이미지처럼 폴더를 만들어서 채널 분류를 하면 좋다. 나는 '기업/산업 정보 분류함', '투자 전략/스승', '자료 작성' 폴더로 나누었다. '기업/산업 정보 분류함'에는 개별 기업 또는 산업 리포트나 뉴스 등을 보관하는 채널을 각각 만들어서 정리한다. 그리고 '투자 전략/스승 폴더'에서는 '투자 전략' 리포트만을 모아두며, 내가 닮고 싶은 롤모델들의 SNS 글 등을 캡쳐본을 포함해 간단한 코멘트를 적어서 정리하고 있다.

'남의 자료를 단순히 보는 것'만으로는 투자 인사이트를 얻기가 쉽지 않다. 결국 공부하고자 하는 자료를 바탕으로 나의 생각을 담아 기록하는 것이 반드시 필요한데, 이 과정에서 기록에 익숙하지 않은 사람들은 어디서부터 어떻게 해야 할지 몰라서 어영부영 시간을 흘려보내기 쉽다. **그래서 기록할 때는 최대한 기록에만 집중할 수 있도록 사전에 자료를 수집하는 단계부터 효율적으로 준비해두면 시간을 단축하는 데 도움이 된다.**

'자료 작성' 폴더는 앞서 수집된 자료들을 1차 가공해두는 폴더다. 이미지와 같이 리포트/뉴스/SNS 자료들 중에서 블로그에 기록할 내용들을 1차적으로 '포스팅 거리' 폴더에 넣는다. 그 다음 분류한 자료들 중에서도 중요도를 고려해 '오늘 올릴 것' 폴더에 정리하며 2차로 취합한다. 이렇게 미리 분류해두면 중간중간 생기는 여유시간이나 잔여시간을 활용해 글쓰기 작업을 할 때 막힘이나 지연 없이 비교적 수월하게 진행할 수 있게 된다.

네이버 블로그는 훌륭한 기록 도구

직장에서 매일 쓰는 엑셀, 파워포인트, 회의록, 가계부, 일정표 등과 같은 문서는 일정한 양식으로 통일되어 있을 것이다. 매번 똑같은 작업을 하는 데 들어가는 시간을 아끼고 본 업무의 시간을 줄이기 위해서다. 그러나 '글쓰기'나 '투자 기록' 영역에서는 의외로 템플릿 기능을 잘 활용하지 않는 경우가 많다. 이 역시 마찬가지로 사전 작업을 해두면 그만큼 시간을 아낄 수 있고 효율적으로 기록할 수 있다. 내가 꾸준히 운영하는 블로그에도 이와 같은 사전 작업이 있다. 폴더별 '분류'와 반복적으로 작성하는 글(주간 기록, 기업 분석, 뉴스 정리 등)의 경우에는 '템플릿'이라는 기능을 활용한다.

블로그에서는 카테고리를 아래 그림과 같이 나누어 운영하고 있다. 텔레그램에서 1차적으로 분류했던 자료들을 중분류에 맞추어 작성하는 것이다. 예를 들어 같은 '주식'이라는 주제로 글을 쓰더라도, '정보 정리 위주의 글'이면 '주식' 카테고리에 들어가는

📄 기록	▶	마일스톤 기록, 주간 복기
📄 생각	▶	투자, 자기계발 등 내 생각 정리
📄 인생 책	▶	인생 책 리뷰 (권당 10~20개 글 기록)
📄 Book	▶	일반 서적 리뷰 (권당 1개 기록)
📄 배우고 싶은 분들	▶	투자 스승님들의 SNS/영상/글 등
📄 주식	▶	기업분석, 뉴스, 리포트 등
📄 부동산	▶	부동산 산업, 동향, 정책 등
📄 사업/창업	▶	사업화, 수익화 등

| 한걸음 블로그의 카테고리 분류와 용도 |

| 한걸음 블로그의 템플릿 |

것이고, 그 관련 뉴스나 자료가 '소재'고 나의 생각이 많이 들어가는 경우라면 '생각' 카테고리에 넣는 방식이다. 이러한 분류가 왜 중요할까? 분류를 해둬야 그 분류에 맞는 템플릿을 작성할 수 있기 때문이다.

네이버 블로그의 '내 템플릿' 기능을 활용해서 나만의 템플릿을 만들어놓으면, 내가 1차적으로 가공한 자료들을 템플릿에 넣기만 하면 된다. '아 언제 기록하나⋯'라는 생각에서 '얼른 정리해버리고 치워야지'라는 생각으로 전환하고 행동하기 쉬워진다.

누군가는 왜 이렇게 '자료 수집과 분류 과정'에 신경을 쓰고 공을 들이는지 의문이 들 수도 있다. **그러나 그만큼 이 사전 작업을 잘해두면 기록하기 편해지기 때문에 재차 강조를 하고 싶다.** 음식점에서 요리를 할 때 매번 재료 손질부터 조리까지 하지 않는 것처럼. 재료 손질은 손님을 받기 전에 미리 해두고 손질해둔 재료를 가지고 조리를 하는 것과 같다. 그렇게 작업하는 것이 효율적이기 때문이다. 마찬가지로 보고 배운 자료를 왜 기록하기가 어려운가를 생각해보자. '보고 읽다' → '기록한다'의 2단계로 생각하기 쉽지만, 이 과정을 자세히 들여다보면 많은 과정이 숨어 있음을 알 수 있다.

보고 읽다 → (중요한 내용과 중요하지 않은 내용을 분류한다 → 중요한 내용을 다시 읽으며 요약한다 → 요약한 내용에 나의 생각과 판단을 덧붙인다) → 기록한다

이 과정의 연속이기 때문이다. 이 과정 사이사이에 방해요소들이 끼어들기 때문에 기록을 하기 어려운 것이다. '기록해야지' 마음먹고 막상 기록을 하려고 해보면 기록하다 말고 다시 자료를 찾고, 또 찾는 과정에서 새로운 정보가 들어오거나, 기록 이외의 다른 행동으로 넘어가기 쉬워진다. 공부를 하려면 책상 정리부터 해야 하듯이 기록도 마찬가지다. 기록하는 과정에서 집중력을 분산시키는 요소들을 사전에 작업해둠으로써 제거하는 것이 기록의 효율성을 높이는 방법이 된다.

기록의 필요성, 루틴의 중요성을 모르는 사람은 없을 것이다. 따라서, 실행하려는 의지를 키우는 것이 아니라 실행하기 수월한 마인드셋과 환경을 만드는데 체계적인 노력을 기울어야 한다. 그 첫째는 매일하는 것이 가장 쉽다는 생각 전환으로 루틴 만들기, 둘째는 기록을 하기 위한 자료 전처리 작업하기, 그리고 마지막으로 기록에 방해되는 요소를 치우고 자동화(템플릿)하는 것. 이 세 가지를 고민하며 효율을 올리는 데 노력해보자.

일상을 바꾸기 전에는 삶을 변화시킬 수 없다. 성공의 비밀은 자기 일상에 있다.

– 존 맥스웰

자료 수집 사이트 모음

	채널 명	주소
시장 지표	금융투자협회 종합통계 포털	freesis.kofia.or.kr
	FRED 경제 지표	fred.stlouisfed.org
	Fear & Greed Index	edition.cnn.com/markets/fear-and-greed
	한국은행 경제 통계 시스템	ecos.bok.or.kr/#/
	세계 경제 지표	tradingeconomics.com
리포트/재무제표	한경 컨센서스	hkconsensus.hankyung.com/apps.analysis/analysis.list
	에프앤가이드	comp.fnguide.com
	크리포트	www.kreportanalytics.com
	스탁로우 (해외 10년 재무제표)	stockrow.com
	스톡워치 (국내 10년 재무제표)	stockwatch.co.kr
	버틀러 (데이터 시각화)	www.butler.works
공시 및 요약	전자공시 시스템	dart.fss.or.kr
	AWAKE – 실시간 주식 공시 정리채널	t.me/darthacking
	핀터 – 공시 6줄 요약	t.me/finter_gpt
	Draftable – 문서 달라진곳 비교	draftable.com/compare
	quartr – 해외 IR 자료 & 스크립트 제공	quartr.com
	IR 자료 모음	m.irgo.co.kr
기타	투자 포트폴리오 백테스트	www.portfoliovisualizer.com

기억을 압도하는
효율적인 기록 양식

수집한 자료를 바탕으로 기록할 차례다. 기록의 세 가지 요소는 내용, 구조, 맥락이다. 쉽게 풀어서 이야기하자면, 기록할만한 의미 있는 '내용'을, 쉽게 이해할 수 있도록 '구조'를 갖추고, 앞뒤 배경과 정황 등을 제공하는 '맥락'을 포함해야 한다. 이를 바탕으로 제대로 기록한다는 것은 '체계적으로' 기록한다는 것과 같다.

1) 내용: 목표에 대한 달성도를 확인할 수 있도록 기록하기 (성취도)

2) 구조: 알아보기 좋게 기록하기 (가시성)

3) 맥락: 추후에 찾아보기 좋게 기록하기 (복습 효율성)

이 세 가지 요소를 포함하는 기록 양식으로서 개인적으로 활용하고 있는 방법이 '간트 차트Gantt Chart'와 '만다라트Mandal-Art 계획표'를 활용한 기록이다. 이 두 가지 기록 양식을 활용하면 매우 효율적인 기록과 복기가 가능하다.

간트 차트

일반적으로 프로젝트 관리를 하는 직장인이라면 익숙한 내용의 차트다. 각 필요한 항목별로 일정의 시작과 끝을 그래픽으로 표시해 전체 일정을 한눈에 볼 수 있으며, 또한 각 항목 사이의 관계를 보여줄 수도 있다. 업무에서 활용하지 않았더라도, 다음과 같은 간단한 양식을 활용해서 투자 기록에 활용할 수 있다. 특히 정량적인 목표를 주간, 월간 또는 분기별 비교적 큰 주기별로 달성도를 확인하기 좋다. 주간 단위로 계획하는 경우, 예를 들어 하나의 기업 분석 보고서를 작성하는 일정을 간트 차트 방식을 이용하여 그려보면 다음과 같다.

하루에 1~2시간, 투자 공부를 한다는 전제 하에, 일주일에 투자 보고서 하나를 쓴다면 이 같이 시간을 배분할 수 있다. 먼저 관심 있는 산업을 선정하고 산업보고서를 읽는다. 증권사 인 뎁

	Day 1	Day 2	Day 3	Day 4	Day 5	Day 6
산업리포트 읽기	■	■				
기업리포트 읽기		■	■			
사업 보고서 읽기				■	■	
뉴스/이슈 정리					■	
검토 기업 선정					■	
투자 보고서 작성					■	■

스 리포트In-Depth Report(산업 분석 리포트)가 있다면 해당 산업 베스트 애널리스트가 작성한 리포트와 가장 최근에 나온 인 뎁스 리포트 1부씩 최소 2부는 읽어보는 것이 좋다. 해당 산업 내에서 리포트가 선정한 기업과 내가 생각하는 기업을 선정하고 해당 기업 리포트와 IR 자료를 살펴본다. 그 이후 사업보고서 읽기를 통해 해당 기업의 재무제표와 주요 공시와 자금 조달 현황(유상증자, 무상증자, CB/BW 발행)을 확인하고 뉴스 또는 SNS 검색을 통해 이슈를 정리(경영자 리스크, 시장 기대 모멘텀 등 장단점 정리)한다. 이후 종합적으로 검토 보고서를 작성할 기업을 하나 선정하고, 투자보고서를 작성한다. 전체적인 틀은 위와 같은 흐름으로 진행되나, 각자의 여건에 맞게 시간을 조절해 활용하면 된다.

만다라트 계획표

달성하다MANDLA와 기술ART이라는 의미를 가진 목표 달성 계획표다. 메이저리그 야구선수인 오타니 쇼헤이가 고등학교 1학년 때 'MLB 8개 구단 1순위' 목표를 달성하기 위한 계획표가 공개되면서 더욱 화제가 되었다. 실제 계획표는 81개의 사각형으로 구성되어 있고, 최종 목표 1개, 세부 목표 8개, 구체적 실행 계획 64개로 나눠져있다. 이를 개인 투자 목표 달성을 위해 작성해봤다. 최종 목표는 '행복한 가족을 위한 자본을 투자로 만들기'였으며, 세부 목표로는 ① 근로소득 늘리기 ② 근로 외 소득 늘리기 ③ 지출 통제하기 ④ 좋은 부모되기 ⑤ 자녀 금융 교육 ⑥ 투자 알파 추구 ⑦ 의미있는 삶 ⑧ 건강 관리였다. 투자와 가족, 행복을 위한 삶의 목표를 모두 반영했다. 이를 바탕으로 구체적 실행 계획을 붙인 양식은 다음과 같다.

위쪽은 만다라트 계획표 초기 양식이고, 아래쪽 이미지는 달성도까지 반영한 것이다. 이처럼 목표를 구체화하고 성취도를 입력해두는 양식을 만들어두면 기록을 더 효율적이고 체계적으로 할 수 있다. 계획 세우기가 익숙하지 않은 사람의 경우 8개의 세부 목표 및 64개의 구체적 실행 목표 세우기가 부담스러워서 계획 세우기를 주저할 수도 있다. 이런 경우 '완벽보다 완료주의'

만다라트 차트 양식
다운로드

자격증 취득	이직 준비	고과 잘 받기	블로그 애드포스트	시스템 자산 구축	저작권 (본업 외)	가계부 쓰기	체크카드 사용	대출이자 줄이기
어학능력 강화	근로소득 늘리기	인사/보고 잘하기	어플 만들기	근로 외 소득 늘리기	특허 수입	외식 줄이기	지출 통제	멍청비용 줄이기
업무 스킬 강화	연구개발 역량강화	인적자원 네트워크	본업 세미나	유튜브	공동창업 준비	중고장터 활용	고정비 다이어트	DIY 늘리기
육아 적극 분담	육아법 공부	마인드 컨트롤	근로소득 늘리기	근로 외 소득 늘리기	지출 통제	자녀 증여 기록	자녀 투자 기록	용돈 기입장
아이와 보내는 시간	좋은 부모 되기	참고 기다려주기	좋은 부모 되기	투자 자본가 가족	자녀 금융교육	물품 사용 기록	자녀 금융교육	노동 소득 대가
아내 사랑하기	훈육 원칙 세우기	배려심	투자 알파 추구	의미 있는 삶	건강관리	교육자료 만들어주기	자녀와 금융 토의	투자 모임 만들기
배당 성장주	스몰 캡 투자	투자리포트 만들어보기	선한 영향력	부모님께 잘하기	투자소득 일부 기부	음주는 월 1회만	고단백 저지방 식단	체중 유지하기
자신만의 투자법 확립	투자 알파 추구	3년에 2배 기업 찾기	생활 속 선행하기	의미 있는 삶	재능 기부	유산소운동 주 3회	건강관리	아침 명상 스트레칭
구루들 강의 정리	투자 서적 읽고 적용	전공 분야 활용 투자	지인들 챙기기	좋은 상사 되기	야학 봉사활동	긍정적 마인드 함양	일과 가정 분리	영양제 잘 먹기

A-1 자격증 취득	A-2 이직준비	A-3 고과 잘받기	B-1 블로그 애드포스트	B-2 시스템 자산 구축	B-3 저작권 (본업 외)	C-1 가계부 쓰기	C-2 체크카드 사용	C-3 대출이자 줄이기
A-4 어학능력 강화	A 근로소득 늘리기	A-5 인사/보고 잘하기	B-4 어플 만들기	B 근로 외 소득 늘리기	B-5 특허 수입	C-4 외식 줄이기	C 지출 통제	C-5 멍청비용 줄이기
A-6 업무 스킬 강화	A-7 연구개발 역량강화	A-8 인적자원 네트워크	B-6 본업 세미나	B-7 유튜브	B-8 공동창업 준비	C-6 중고장터 활용	C-7 고정비 다이어트	C-8 DIY 늘리기
D-1 육아 적극 분담	D-2 육아법 공부	D-3 마인드 컨트롤	근로소득 늘리기	근로 외 소득 늘리기	지출 통제	E-1 자녀 증여 기록	E-2 자녀 투자 기록	E-3 용돈 기입장
D-4 아이와 보내는 시간	D 좋은 부모 되기	D-5 참고 기다려주기	좋은 부모 되기	투자 자본가 가족	자녀 금융교육	E-4 물품 사용 기록	E 자녀 금융교육	E-5 노동 소득 대가
D-6 아내 사랑하기	D-7 훈육 원칙 세우기	D-8 배려심	투자 알파 추구	의미 있는 삶	건강관리	E-6 교육자료 만들어주기	E-7 자녀와 금융 토의	E-8 투자 모임 만들기
F-1 배당 성장주	F-2 스몰 캡 투자	F-3 투자리포트 만들어보기	G-1 선한 영향력	G-2 부모님께 잘하기	G-3 투자소득 일부 기부	H-1 음주는 월 1회만	H-2 고단백 저지방 식단	H-3 체중 유지하기
F-4 자신만의 투자법 확립	F 투자 알파 추구	F-5 3년에 2배 기업 찾기	G-4 생활 속 선행하기	G 의미 있는 삶	G-5 재능 기부	H-4 유산소운동 주 3회	H 건강관리	H-5 아침 명상 스트레칭
F-6 구루들 강의 정리	F-7 투자 서적 읽고 적용	F-8 전공 분야 활용 투자	G-6 지인들 챙기기	G-7 좋은 상사 되기	G-8 야학 봉사활동	H-6 긍정적 마인드 함양	H-7 일과 가정 분리	H-8 영양제 잘 먹기

□ 달성
□ 진행 중
□ 중요하지만 미진함
□ 우선순위가 낮아 노력해야 함

3장. 실전을 위한 직장인 투자자의 필수 루틴 161

마인드로 만다라트 계획표를 단순화해서 작성해도 무방하다. 예를 들어 목표를 투자 공부, 습관 들이기로 집중해 작성한다면 아래와 같이 작성할 수 있다.

성공적인 투자를 위한 요소들은 다양하지만, 그중에서도 내가 생각하는 투자에서 반드시 챙겨야 하는 네 가지 필수요소는 자금 관리, 매매 전략, 심리 관리, 포트폴리오 관리며 이를 다시 세분화해서 각각 세 가지 중요한 요소를 선정해 작성해봤다. 이렇게 키워드를 선정한 후 다시 각 요소에 대한 구체화된 방법을 하나씩 붙이다 보면, 내가 잘 아는 부분과 보완해야 할 일들을 명확하게 알 수 있다. **'구체화된 방법'이라는 것은 실제로 가능한 행동 계획과 정량적인 수치가 결합된 방법을 포함한다.**

손절매	레버리지		트레이딩	퀀트투자
현금비중	자금 관리	매매 전략		인베스팅
편향극복	심리 관리	포트폴리오		리벨런싱
탐욕제어	메타인지		시장배분	자산배분

예를 들어, '자금 관리'에 대해 공부를 해본다고 생각해보자. 가장 우선으로 할 일은 공부할 범위를 정하는 것이다. 내가 만약 자금 관리법을 찾아본다면 다음과 같은 7가지 방법으로 정리할 수 있다.

1) 리스크 금액 고정 전략

2) 자산고정 전략

3) 비율 고정 전략

4) 매매 가능 횟수 고정 전략

5) 윌리엄스의 리스크 고정 전략

6) 리스크 비율 고정 전략

7) 변동성 고정 전략

자금 관리에 대해서 공부를 제대로 해보지 않은 사람들의 경우 위 용어조차 생소하거나 자세히 알지 못할 가능성이 높을 것이다. 이에 대해 실제로 가능한 행동 계획은? 각 방법에 대한 기본적인 정의를 공부한 뒤, 각 방식별로 손절매, 현금 비중, 레버리지와 관련된 요소를 찾아서 지난날 내가 했던 투자에 적용해보자. 같은 대상에 투자했더라도 매매하는 시기와 자금 관리 노하우에 따라 최종 수익률은 천차만별로 갈리기 때문이다. 여기에 정량적인 수치를 붙여보자. 한 기업에 대한 복기를 일곱 가지 방식으로 적용하든지, 아니면 일곱 가지 방법 중 기존의 내 자금 관리 방식과 가까운 방법, 가장 거리가 먼 방법을 하나씩 선정해 투자했던 기업에 적용하는 방식이다.

'기록은 기억을 압도한다'는 말을 좋아한다. 인간은 망각의 동물이기 때문에 기억력을 보존하기 위해서 기록하는 이유도 있지만, 기록하는 것 행위 자체가 정해진 시간에 나의 열정이나 의지와 상관없이 루틴처럼 진행할 수 있는 행위이기 때문이다. **기록한다고 해서 모든 투자자가 성공할 수는 없을 것이다. 그러나 성공한 투자자는 모두 기록을 열심히 했다. 자신만의 양식으로 반드시 기록하는 습관을 들이도록 해보자.**

기록되지 않은 것은 기억되지 않는다. — 김구

스스로 판단하려면
무엇이 필요할까?

하워드 막스Howard Marks의 『하워드 막스 투자와 마켓 사이클의 법칙』에 나오는 유명한 내용이 있다. "투자에서 성공은 복권 당첨자를 뽑는 것과 비슷하다. 둘 다 볼풀에서 공을 뽑아서 결정된다. 하나의 결과는 매번 여러 가능성들 사이에서 선택된다. 뛰어난 투자자는 볼풀에 어떤 공들이 있으며, 따라서 추첨에 참여할 가치가 있는지 여부를 판단하는 감각이 좋은 사람이다. 즉, 뛰어난 투자자들은 다른 사람들처럼 미래에 무슨 일이 일어날지 정확히 알 수는 없어도, 미래의 경향에 대해 평균 이상의 이해를 갖고 있다. 병 속에 있는 공에 대해 통찰력을 가진 사람이 다음에 무슨 색 공이 나올지 모르는 것처럼 사이클을 연구하는 사람도 다음에 무슨 일이 일어날지 전혀 알지 못한다. 하지만 둘 다 확률에 대한 지식에서 우위를 가지고 있다. 사이클을 연구하는 사람은 사이클에 대한 지식을 가지고 현재 위치를 평가함으로써 뛰어난 결과를 얻고자 하는 투자자에게 필요한 우위를 갖는다. 공을 뽑을 때는 병 속에 공이 70:30의 비율로 들어 있다는 사실을 알고 있는 사람이 유리하다. 투자자 역시 사이클에서 어디쯤 서 있는지 다른 사람들보다 잘 알고 있는 사람이 유리하다."[9]

이 문단의 핵심은 두 가지다. 첫째, '투자에는 사이클이 존재한다'는 것과 둘째, 의사결정은 'Yes 혹은 No의 개념이 아니라 가능성이 높다 또는 낮다는 확률론에 기반해서 결정해야 한다'는 것이다. 그러나 대부분의 투자자가 사이클이 있다는 것을 알았을 때 하는 행동은 무엇일까?

1) 정확히 사이클의 어디 부분인지 알아내려고 한다

2) 사이클의 패턴, 규칙 등을 찾아내려고 한다. (10년 주기설 등)

그러나 그 누구도 사이클의 위치를 정확히 알아낼 수 없다. 과거의 사례를 떠올려보자. FED 의장 앨런 그린스펀Alan Greenspan이 닷컴버블에 대해 경고를 했었지만, 경고 후 3년 후에야 닷컴버블 붕괴가 일어났다. 또 다른 예로, 서브프라임 글로벌 금융위기를 예고했던 마이클 버리Michael Burry 사례가 있다. 마이클 버리의 '빅 쇼트' 베팅은 베팅 3년 후에나 발생했다. 시장이 과열이다, 버블이라도 판단해도 그 끝이 정확히 언제 일어날지 알아내기란 이처럼 어렵다는 것이다.

그럼에도 불구하고 투자자들은 사이클의 패턴, 규칙 등을 찾아내서 사이클을 지배하려고 하거나, 혹은 **투자를 정당화하기 위해 사이클을 '예측'하는 수준이 아니라 임의적으로 '변형' 시켜버리는 경우를 만든다.** 주식시장에서 크게 경계해야 하는 말 중 하나가 '사이클이 없어졌다'는 것이다. 주가가 빨리 오르거나 바닥에 오래 있으면 들리기 시작한다. 예를 들어, 2023년 2차전지와 반도체에 대한 시장의 컨센서스Consensus를 떠올려보자. 연 평균 성장률CAGR이 30%를 상회하고, 전기차 보급률 수준을 고려할 때 'S커브S-curve'의 초입이라는 점을 강조하며 2차전지는 사이클을 무시하고 계속 좋을 것이라는 기대가 많았다.

시장참여자들의 기대가 고조될 때 나타나는 현상들은 어떤 것이 있을까? 실적이 컨센서스를 웃돌고 이익률과 이익률의 상승 변화 폭이 본 적 없는 수준으로 높아지면 가시성이 낮은 수년 뒤의 실적 전망까지 상향된다. 이때 사이클이 없어졌다는 주장이 제기되고 높은 실적 예상에 근거해 주가를 정당화하는 시도가 나타난다. '뉴 노멀' 혹은 '과거와는 다른 슈퍼 사이클'과 같은 기존의 사이클을 간과하는 낙관론이 등장하고 사람들이 환호할 때가 가장 위험한 시기다. 이런 사례는 2차전지에 국한된 특별한 사례가 아니었다. 지난 2007년 조선, 2011년 화학, 2015년 화장품, 2018년 반도체 등에서도 쉽게 찾아볼 수 있다. 투자는 당연히 미래의 성장을 기대하는 낙관론으로 접근하는 것이지만 잘 안될 수도 있는 확률까지도 고려해야 균형 잡힌 투자라 할 수 있다. 결국, 투자는 '기대와 실제 현실사이의 괴리' 수준을 제대로 파악하고 실현가능성을 검토하며 방향을 찾아가는 행위이기 때문이다. 그 과정에서 잘 안될 수도 있는 지점을 고려하는 것이 사이클을 인정하는 태도다.

운과 실력이 공존함을 인정하라

그렇다면 사이클의 존재를 인정하고 받아들인 상태에서 올바르게 투자하려면 어떻게 해야 할까? 앞서 언급한 하워드 막스의 글에 그 답이 있다. 내가 현재 수준에서 베팅한다면, 최소한 유리한지, 불리한지 여부를 주기적으로 확인하면서 베팅을 조절하는 것이다. 예를 들어, 흰 공과 검은 공이 5개씩 섞여 총 10개가 들어있는 주머니에서 흰 공을 뽑으면 승리, 검은 공을 뽑으면 패배인 간단한 룰의 게임을 한다고 생각해보자. 상대와 내가 번갈아가면서 1:1 대결을 할 때, 매번 뽑기 게임의 배당이 같다면? 이 게임은 운이 승부를 좌우하게 될 것이다. 그러나 매번 베팅 금액을 조절할 수 있다면 운과 실력이 같이 작용하는 게임이 된다. 남아있는 주머니의 흰 공이 검은 공보다 많을 때는 베팅액을 늘리고, 흰 공이 검은 공보다 적을 때는 베팅을 줄이는 것이 일반적이고 상식적이다. 물론 확률이 높을 때 베팅해도 손해를 볼 수 있으며, 확률이 낮을 때도 운 좋게 수익을 낼 수도 있다. 확률론적 사고를 하되, 운의 요소를 인정하자. 여기까지는 이견이 없을 것이다. 정확히 어디인지는 몰라도 어디쯤인지는 알아야 하며(시장 밸류, 고평가인가, 저평가인가) 그에 따라 베팅해야 한다. 운과 느낌에 의존하는 것이 아닌 확률적으로 유리한 베팅을 해야 한다.

그러나 주식시장에 들어오면 사람들은 위에 인정했던 일반적이고 상식적인 베팅과 거리가 먼 행동들을 하는 사람들이 많아진다. 특히 '버블 속에 있을 때는 누구도 손해를 보지 않고 모두가 이득을 보는 것처럼 보인다'는 말과 같이 꿈을 먹고 성장할 때는 영원히 그러할 것으로 보인다. 그 결과 사람들의 생각보다 버블이 훨씬 커지게 되고, 그만큼 더 크게 버블이 꺼진다. 왜 이런 현상이 벌어질까? 바로 시장 참여자들의 심리적 쏠림 현상 때문이다. 이와 관련하여 하워드 막스는 『투자에 대한 생각』에서 강세장과 약세장의 3단계를 다음과 같이 표현했다.

강세장의 3단계

1단계: 소수의 미래 지향적인 사람들이 상황이 호전될 것으로 믿음.

2단계: 대부분의 투자자가 실제로 상황이 호전되는 것을 알고 있다.

3단계: 모두가 상황이 계속해서 호전될 것이라 결론.

약세장의 3단계

1단계: 소수의 신중한 투자자들이 강세임에도 상황이 언제나 장밋빛일 수는
없다는 것을 인식할 때.

2단계: 대부분의 투자자가 상황이 악화되고 있음을 인식할 때.

3단계: 모든 사람이 상황이 악화될 수밖에 없음을 확신할 때.

주가의 상승, 하락이 아니라 투자자의 심리 위주로 단계를 설명하는 것이 흥미로웠다. 확률론적 사고 이외에도 시장 참여자들의 심리도 투자의 사이클을 이해하는데 정성적인 지표로서 충분한 의미가 있음을 시사하는 부분이다.

주가는 장기적으로 기업의 실적을 따라가지만 단기적으로는 시장 참여자들의 거래로서 결정된다는 것을 생각해보면 심리 부분을 무시하고 가치 평가만으로 바라보는 것이 오히려 부자연스

럽지 않을까? 따라서 사이클의 어디쯤인지를 알아보려고 할때는 정량적인 지표(가치, 확률론)뿐만 아니라 시장 참여자들의 심리적인 요소를 함께 고려해야 한다. 그러나 막상 사이클을 알려주는 지표를 알아보려고 찾아보면? 투자 시장에는 지표가 많아도 너무나도 많다는 것을 알게 된다. 현실적으로 모든 지표를 일일히 다 확인할 수도 없을 것이고, 만약 확인한다 하더라도 그것이 판단의 정확도를 올리는 데는 큰 영향이 없기 때문에, **이러한 시장 판단 지표도 개인의 투자 방식과 경험을 토대로 커스터마이징 하는 과정이 필요하다.** 인베스터와 트레이더가 주로 보는 지표들 또한 다르지 않는가? 시장에 참여자들의 시각이 다양하듯이, 마찬가지로 내가 투자하는 방식과 의사결정에 도움이 되는 나만의 지표를 설정해야 한다.

수많은 지표 중에 나만의 지표를 찾아서

나만의 지표는 어떻게 만들어야 할까? 나의 사례를 들어서 설명해보자면, 우선 가장 먼저 나의 투자 의사결정을 위한 시장 지표를 '정의'하는 것부터 시작했다. 자산의 가격은 본래 가치(내재가치) + 심리(수요 공급)적인 요소가 복합적으로 작용되어 결정된다.

즉, 자산의 가치에 매수자의 수요 프리미엄이 붙으면 가격이 올라가고 반대로 기존 보유자의 매도 심리가 우위면 가격이 하락한다는 것이 주요 논리다. 그러므로 가치의 상단과 하단을 구별하는 지표(싸다 or 비싸다)와 심리적 요소인 수요 및 공급 비율의 상단과 하단을 구별하는 지표(과매수, 탐욕 or 과매도, 공포)를 판단하는 지표로 삼는 것을 목표로 했다. 첫번째 단계로서 가치 지표와 심리 지표에 관한 주요 키워드, 자료들을 정리하여 나열해봤다. 다음으로 이 지표들 중에서 과거에 내가 자주 봤거나 참고로 했던 지표들이 있었는지 생각해보고, 특히 나의 매매나 투자 심리에 영향을 끼쳤던 요소들을 포함해서 기술적 지표들도 추가했다. 최종 선정된 지표들은 다음과 같다.

가치 (내재가치) 관련 지표/키워드	심리 (수요공급) 관련 지표/키워드
매크로 : OECD 경기선행지수 : 달러 인덱스 : 미국 기준 금리 & 10년물 국채 금리 : 미국 하이일드 채권 스프레드	**과열/탐욕** : 신용잔고/예탁금 : 미국 신용 증거금 : 미국 CFTC 투기적 순포지션
지수 밸류 차트 : 코스피 PBR : S&P 500 PER	**공포/패닉** : 변동성 지수 (VIX) : 채권 변동성 지수(MOVE) : 공포 탐욕 지수(F&G) : 지수 RSI

매크로 지표의 경우 경기 침체가 올 확률이 높아지는 구간인가를 확인하는 용도로 참고했다. 자주 확인할 필요는 없지만 특정 값을 보이는 경우 충격에 대비하자는 생각으로 지켜봤다. (예를 들어 경기선행지수 100 이상에서 하락 전환할 때, 달러인덱스 104를 돌파해서 110에 가까워질 때, 10년물 국채금리 4%를 향하거나 넘어갈 때, 하이일드 채권 스프레드의 경우에는 5를 넘어가는 구간에 가까워질 때 등)

과열/탐욕 지표가 고점을 가리키면 수익을 일부 실현하고 현금 비중을 높인다던가, 공포/패닉 지표가 사이클 저점 부근을 알려주면 하락 속에서 용기를 내서 조금 더 매수한다든지, 하나의 대응법으로 활용했다. 선정한 지표들의 특징은 대부분은 일정한 범위band 내에서 사이클을 가지고 움직인다는 사이클적 특성을 보였다. 물론 모든 지표가 정확하게 들어맞는 것은 아니다. 주식 시장은 수학 공식처럼 움직이지는 않기 때문이다. 그러나 몇몇 지표들은 주식 시장의 고점 및 저점 '부근'이라는 지표를 알려주는 데는 효과적으로 작용했고, 확률론적 사고로 매매 판단을 하는 데 도움을 주었다. 또한 한 가지 더 흥미로운 사실은 어떤 지표의 경우 '고점과 저점'에서 모두 의미를 갖는 반면, 특정 지표들은 '고점' 또는 '저점' 하나에 대한 시그널만 갖는다는 점이었다.

실제로 내가 최종 선정한 지표들을 어떻게 보는지 확인해보자.

한걸음이 의사결정에 참고하는 투자 지표들

OECD 경기 선행지수와 코스피 지수

우리나라는 코스피 지수를 구성하는 기업들 중에 수출 비중이 높은 기업들이 특히 많기 때문에 세계 경기에 민감하게 반응한다. 주가는 보통 경제의 흐름대비 '선행'하므로 경기 동행지수보다는 경기 선행지수를 참고하는 것이 맞다. 주요 선진국들의 경기 흐름을 알 수 있는 것이 OECD 경기선행지수며, 100 이상이면 경기 전망이 좋고, 100 이하면 경기 전망이 좋지 않다는 것을 의미한다. 다음은 OECD 경기 선행지수 차트와 우리나라 코스피 지수를 1980년대부터 최근까지의 그래프다.

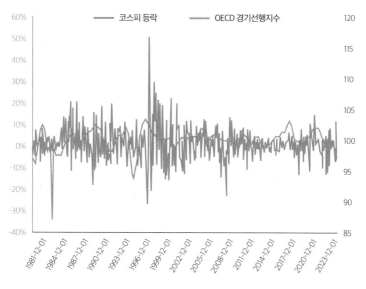

| OECD 경기선행지수와 우리나라 코스피 지수 |

경기선행지표가 100보다 낮은 구간에서 올라갈 때, 상승추세에 있을 때(경기가 좋아질 때)에는 지수가 비교적 강한 모습을 보였고 반면, 100 위의 값에서 하락 반전할 때(경기가 고점을 찍고 반락할 때)에는 지수 또한 비교적 약세를 보였음을 알 수 있다. 정확한 값 자체보다는 경기의 흐름을 보는 관점이 중요하다는 것이며, 현재 사이클의 어디쯤인지 대략적으로 판단하는 데 도움이 되는 지표다. 사이클의 중간에 있을 때는 경기선행지수가 큰 시그널을 주지는 않는다. **다만, 사이클의 저점 부근 또는 고점 부근에서는 유의미한 시그널을 주었음을 확인할 수 있다.**

코스피 지수와 PBR

증시 사이클의 저점 부근을 알려주는 지표로는 무엇이 있을까?
코스피 PBR 밴드 지표다. 최근 20년간 코스피 지수와 PBR 지표
를 같이 나타내봤다. PBR의 절댓값 측면에서 밴드 상단 부근을
증시 사이클의 고점으로 판단하기에는 어려운 것을 알 수 있다.
**반면 PBR의 밴드 하단(PBR=0.9)은 코스피의 저점 부근을 알려주
는 지표로서 비교적 유의미한 결과를 나타냄을 확인할 수 있다.**
이는 앞서 언급한 시가총액 상위 종목들이 수출 위주의 산업, 기
업 비중이 높기 때문에 나타나는 현상이다. 경기에 민감한 산업

| 코스피 지수와 PBR 지표 |

일수록 호황과 불황 시 이익의 변동이 크므로 주가 순이익 비율인 PER의 경우 값의 진폭이 크지만, 상대적으로 장치산업인 만큼 주가 순자산 비율인 PBR의 경우 상대적으로 진폭이 적기 때문이다. 'PBR 0.9배 밑에서는 용기를 내자' 이런 투자 조언들이 나오는 근거가 나오는 것도 이 때문이다.

코스피 지수와 신용융자 및 투자자 예탁금

증시 사이클의 고점 부근을 알려주는 지표로는? 신용융자 및 투자자 예탁금 비중 지표를 참고했다. 투자자 예탁금의 경우 '예수금'이라고도 하며, 주식을 매수하기 위해 증권사 계좌에 들어있는 예비 자금이라고 보면 된다. 투자자 예탁금은 왜 중요할까? 결국 어떤 자산이든 사고자 하는 수요 (매수 수요)가 늘어나면 늘어날수록 자산의 가격은 오르기 때문이다. 다음 도표는 투자자 예탁금과 코스피 지수를 월별 그래프로 나타낸 것이다.

전반적으로 투자자 예탁금과 코스피 지수의 흐름이 유사함을 확인할 수 있다. 2019년 이후 투자자 예탁금이 처음으로 30조 원을 돌파하며 크게 상승했고, 특히 2020년 코로나19로 인해 엄청난 유동성이 풀렸을 때, 투자자 예탁금은 유례 없는 수준인 70조

| 투자자 예탁금과 코스피 지수 |

원을 넘겼다. 그 영향으로 코스피 지수 3,000포인트를 돌파했었
으나, 그 이후 금리 인상과 유동성 축소 등의 긴축정책의 여파로
예탁금 또한 50조 원 수준으로 하락하고 주가도 다시 2,500 포인
트 내외로 감소하게 되었다. 코로나19 이후 개인 투자자들의 참
여가 늘어난 만큼 그 영향력도 상당히 커졌기 때문에, 이러한 자
금의 흐름 또한 참고 지표로 삼기에 충분한 중요성을 가진다.

　신용융자는 주식담보대출 금액을 뜻한다. 이 신용융자 및 투
자자예탁금 비율이 왜 중요할까? 주식이라는 위험자산을 담보로
한 번 더 대출을 받아 투자하는 금액을 의미하므로, 이 금액이 많
아질수록 그만큼 공격적으로 위험자산 선호 현상이 강하다는 것

이기 때문이다. 따라서 신용융자 및 투자자 예탁금 비중이 높을수록 흔히 말하는 '살 사람 다 샀다'는 상황에 가까워진다.

신용융자 및 투자자예탁금 비율이 40%에 가까워지면 사이클의 고점인 경우가 많았고, 30%에 가까워지면 사이클의 저점인 경우가 많았다. 그럼에도 불구하고 이 지표를 '고점 부근'을 알려주는 지표로 선정한 것은 증시 폭락의 경우 이 지표가 작동하지 않았기 때문이다. 2008년 금융위기시 15% 이하까지 급락한 적도 있고 코로나19 때도 약 15% 수준까지 하락했던 적이 있었다. 10년에 한 번 올까 말까 한 폭락장을 준비하기 위해 기다리는 것, 바닥을 잡고자 하는 행위는 상당히 위험한 접근법이므로 추천하지 않는다. **다만 비교적 과열**(신용융자 및 예탁금 비율 높음) **정도를**

| 신용융자 및 예탁금 비율과 코스피 지수 |

알려주는 데는 충분히 활용할 만하다.

변동성 지수(VIX)와 S&P500

시장 참여자들의 공포/패닉을 알려주는 지표로서 사람들이 주로
확인하는 것은 공포 탐욕 지수Fear&greed index일 것이다. 100에 가
까울수록 시장 참여자들이 탐욕적(위험자산 선호)인 포지션이고,
0에 가까울수록 공포(위험자산 회피)에 가까운 투자 심리를 갖고
있음을 알려주기 때문에 시장이 과열인지, 침체인지를 비교적 쉽
게 확인할 수 있다는 장점이 있다. 그럼에도 불구하고 개인적으
로 변동성 지수VIX, Volatility Index를 시장의 공포/패닉을 알려주는 투
자 지표로서 가장 선호한다. 이에 대해 설명해보고자 한다.

변동성 지수, 일명 VIX 지표란 무엇인가? 시카고옵션거래소
변동성 지수Chicago Board Options Exchange Volatility Index는 미국 증시의 기
대 변동성 지표를·뜻하며, 일반적으로 줄여서 VIX로 통칭된다.
VIX는 S&P 500 지수의 옵션 가격에 기초하며, 향후 30일간 지수
의 풋옵션(하락 베팅)과 콜옵션(상승 베팅) 가격을 결합해 산정하는
방식이다. 쉽게 말해서 향후 30일간 '투자자들이 예측'하는 S&P
500지수를 보여주는 지표다. 이 지표가 중요한 이유는 '옵션 프

리미엄 기반의 데이터'이기 때문이다. 옵션 프리미엄은 시장에서 인식하는 리스크 수준을 표시하는 데 사용할 수 있다. 시장에서 인식하는 리스크가 높을수록 투자자들은 옵션의 형태를 띤 '보험'에 더 많은 돈을 지불할 용의가 생기기 때문이다. 즉, 주가가 대폭 상승 또는 하락할 것으로 예상하는 투자자는 옵션으로 포지션을 '헤징hedging'함으로써 리스크를 줄이고자 하는 경우가 많다. 보통 일반 주식(현물) 시장에 비해 파생(선물, 옵션) 시장의 경우 변동성에 의한 가격의 레버리지 효과가 수 배에서 수십 배 더 증폭된다. 따라서 옵션 가격이 상승하면 시장 불확실성 및 기대 변동성이 상승한다는 뜻이므로 VIX가 상승해, 시장 변동성이 상승할 가능성이 높다는 신호를 투자자에게 제공한다.

VIX 지표에서 무엇을 알 수 있을까? VIX가 급등하면 S&P 500 옵션 시장의 트레이더들이 시장 변동성의 상승을 예상한다는 뜻이다. 여기서 인베스터들은 VIX 지수가 상승할수록 공포심이 커진 것이므로 매수 신호라고 간주하게 된다. 반대의 경우도 마찬가지다. VIX가 하락할 경우는 공포심이 감소한 것이므로 시장이 공포/패닉과 거리가 멀어지고 안정되어 있다는 것을 알려준다. 일반적으로 VIX 값이 30을 넘으면 불확실성, 리스크, 투자자의 공포로 인해 변동성이 높아졌다는 의미로 간주된다. VIX 값이 20 미만일 경우 일반적으로 한층 더 안정적인 시장임을 알려주며, 보통의 상승장에서는 VIX가 12 근처를 맴돌게 된다.

아래 도표에서 볼 수 있듯이 대부분의 구간에서 20 미만의 VIX 값을 보이지만, 20~30 구간에서는 일반적인 조정 수준의 하락을 보인 경우가 많다. (월간 0~ -7% 수준의 하락률) 30~40 수준을 보이면 일반적인 조정장이 아닌 약세장으로의 진입 경고를 알려주는 신호가 되며, 40을 넘어 폭등한 경우는 최근 20년 내에 2번 있었다. 바로 2008년 금융위기(VIX 62)와 2020년 코로나 쇼크 때 (종가 기준 VIX 57, 순간 최대치 82)다. 일반적인 경기 침체가 아니라 시스템 위기(글로벌 신용경색)가 우려되는 경우의 케이스다. 그림에서 알 수 있듯이 위기 중에는 VIX 수준이 매우 높아질 수 있지만, 극단적으로 높은 수준이 장기간 지속되는 경우는 거의 없기 때문에, **VIX 수치가 30 가까이 치솟을 경우 시장의 공포를 딛**

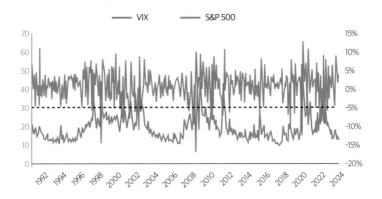

| 도표 S&P 500와 VIX의 상관관계 |

고 매수를 시작하는 선택을 하는 것이 옳다는 뜻이 된다. 추가로, 공포 탐욕 지수 대비 VIX를 선호하는 데는 크게 두 가지 이유가 있다.

첫째, 실시간으로 알 수 있다는 점. 공포 탐욕 지수의 경우 다음 거래일이 되어야 알 수 있으나, VIX는 선물지수가 있기 때문에 실시간으로 알 수 있다는 장점이 있다. 선물 지수의 특성상 더 급격하게 변하기 때문에 시장의 온도를 체크하는 데 도움된다. 둘째로는 공포 탐욕 지수에는 직접적으로 투자할 수 없지만 VIX는 지수 자체에도 투자할 수 있다(VIX ETN 상품)는 부분 때문이다. 이처럼 공포/패닉에 대한 자신만의 기준을 세워놓으면 휩쓸리지 않고 숫자에 기반한 판단을 하는 데 도움이 된다.

굳이 직접 해야 할까? 하고 묻는 사람들에게

국내 주식 투자에서는 지수보다는 개별 기업 주식에 투자하는 비중이 훨씬 높을 것이다. 특히 벤치마크인 코스피/코스닥 지수를 일부 추종해야 하는 기관들과 달리 개인 투자자의 경우 더욱 개별 종목 투자 비중이 높을 것이므로 "굳이 저런 매크로 지표나 심리 지표 같은 것을 알아야 하나?"라는 생각이 들 수도 있다. 그러나 평온한 투자 시기에는 중요하지 않아 보이는 지표들이, 증시 과열 시 나오는 행동인 포모 현상이나 증시 폭락 시 나오는 투매 (패닉셀) 공포를 이겨내는 데 있어서 도움이 된다는 점을 간과하지 말아야 한다. 결국 기업의 본질은 '기업의 실적'이라 할지라도, 시장 자체가 무너지면서 같이 폭락하는 경우에는 단기적으로 '기업의 실적' 또한 무차별적 하락을 막아주지는 못하기 때문이다. 이때 증시의 고점, 저점 사이클 부근을 알려주는 나만의 지표를 설정해두면 판단을 내리는 데 도움이 된다.

『투자도 인생도 복리처럼』에 '우리는 다른 사람의 아이디어를 빌릴 수는 있지만 그의 확신은 결코 빌릴 수 없다'라는 명문장이 있다. 같은 데이터, 숫자를 바라보더라도 사람마다 해석하는 방법이 다르고 중요하게 여기는 포인트가 다르다. 그리고 같은 포인트를 보더라도 정리된 결과를 바라보는 것과 하나하나 스스로 정리해나가는 과정 속에서 느끼는 감정과 경험 또한 다르다. **시황을 정리해주는 투자자도 있고 돈을 내면 정리해주는 프로그램도 많지만, 굳이 수고스럽더라도 그 과정을 직접 해보고 나만의 관점을 만드는 것이 중요한 이유가 여기에 있다. 스스로에게 '확신'을 주기 위해서다.** 격언 '공포에 사고 탐욕에 팔아라'를 머리로는 아는데 실천이 어려운 사람들의 해결책 또한 마찬가지다. 직접 경험해보면서 판단해야 한다. 차트로 보는 하락과 실제 참여하고 대응하며 느끼는 하락은 차원이 다르다. 같은 결론을 낸다 할지라도 내가 스스로 만들고 정리한 데이터는 위기상황에서의 가치가 확연하게 달라진다. 스스로 판단하고 복기하면서 직감이 생기고, 그 직감이 이성이 마비된 패닉장에서 원칙대로 행동하게 해주는 원동력이 되기 때문이다. 처음에는 이러한 과정이 다소 비효율적으로, 지루하게 느껴질지 몰라도 결국 투자의 최종 결정은 스스로 내려야 한다는 사실을 잊지 말아야 한다. **이 세상에는 나보다 똑똑한 투자자도 많고 나보다 잘하는 투자자도 많겠지만 나보다 내 돈을 더 걱정해주는 투자자는 없다는 것을 잊지 말고 명심하자.**

강세장은 비관 속에서 태어나, 회의 속에서 자라며, 낙관 속에서 성숙해, 행복 속에서 죽는다. 최고로 비관적일 때가 가장 좋은 매수 시점이고, 최고로 낙관적일 때가 가장 좋은 매도 시점이다.

– 존 템플턴

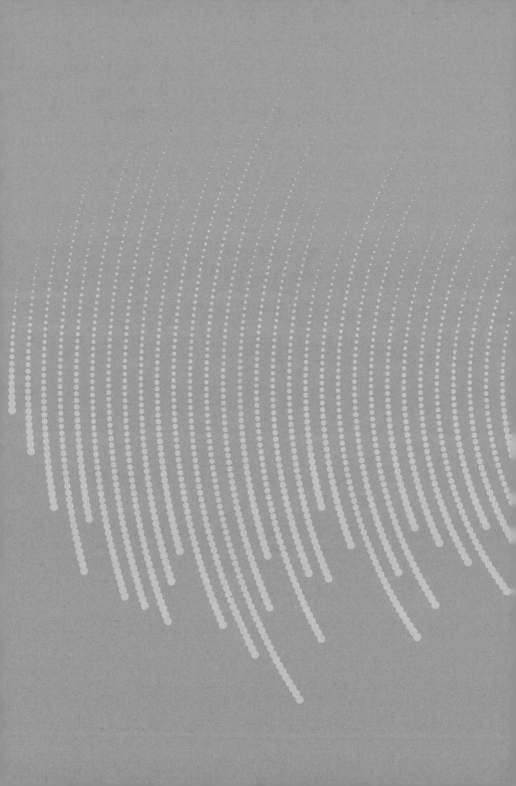

4장

정체기를 벗어나
더 높이 도약하고 싶다면

직장인 투자자가 빠지기 쉬운
함정을 피하자

4장에서는 투자자로서의 성장이 정체된 것 같을 때, 재도약하기 위한 시도, 관점, 노하우 등에 대한 이야기를 풀어보고자 한다. 이 책의 독자들은 전업 투자자 또는 기관 투자자가 아닌 '직장인 투자자'들일 것이다. 나 또한 직장인 투자자이기에 가장 많이 했던 고민은 바로 "어떻게 하면 내 상황에서 지속적으로 수익을 낼 수 있을까?"였다. 대부분의 사람들의 고민 또한 비슷하리라. "직장인 투자자로서의 강점은 무엇인가?"라고 묻는다면 대부분 "본업에서의 꾸준한 현금 흐름(월급)"이라고 대답할 것이다. 반면 "직장인 투자자로서의 약점은 무엇인가?"라고 묻는다면 대부분 "전문 투자자 대비 투자에 쓸 수 있는 시간이 적다"라고 대답할 것이다. 여기까지는 큰 이견이 없다. **그러나 이 장점과 약점을 인정한 상태에서, "어떻게 자신만의 투자 전략을 세우고 계십니까?"라는 질문을 던지면 답변은 사람마다 다르다.** 특히, 장점을 충분히 살리지 못하는 투자자도 있는 반면, 약점을 강점으로 바꾸는 투자자들 또한 있다는 점이 신기할 따름이다. 이 부분에 대한 논의를 주의 깊게 읽어주길 바라며, 본인의 투자 방식 또는 사례에 맞추어 비교해본다면 투자의 개선점을 찾는 데 도움이 될 것이다.

직장인 투자자의 장점과 약점

우선 장점 부분을 생각해보자. '본업에서의 꾸준한 현금 흐름'이 주는 안정감은 투자자에게 있어서 탁월한 강점이 된다. '투자 원금에 손대지 않아도' 생활하는 데 지장이 없다는 것은 투자의 시계열을 길게 끌고 가는 데 있어서 심리적 안정감뿐만 아니라 실제 생활에도 큰 도움이 되기 때문이다. 그런데 이 장점 부분이 약점으로 되는 경우는 어떤 경우일까? **바로 '자금 관리법'에 대한 공부와 경험의 중요성을 소홀히 하게 된다는 점이다.** 직장인이 처음 주식 투자를 시작할 때 소액으로 적게는 100만 원 정도 수준에서 아마 여유 자금이 있다면 1,000만 원 단위 수준으로 시작하는 것이 일반적일 것이다. 소액, 적립식 투자의 경우 잃어도 큰 타격이 없기 때문에 주식 시장을 '경험'하는 데 좋다. 반면 소액이고, 또한 적립식으로 꾸준하게 돈이 들어온다는 점에서 쉽게 투자를 집행하기 쉬워진다는 것이 도리어 단점으로 작용하기도 한다. 주가가 떨어져도 '어차피 월급 들어오면 추가로 사면 되지 뭐'라는 생각이나 '어차피 장기투자를 하려고 했으니 사서 모아가면 되지 뭐'라고 생각하게 된다. 물론, 이러한 마인드 자체가 잘못된 것은 아니다. **문제는 초심자가 선택한 주식이 하락하는 경우, '내가 옳고 시장 참여자들이 틀릴 확률'이 높지 않다는 점이다**(당연하게도). 틀린 선택지에 돈을 더 넣는다고 한들 그게 다시 반등하는 경우는 극히 드물다. 마이너스 수익률에 주식을 아무리 곱해도 늘어난 주식 수는 금액을 키울 뿐이지 손익의 방향을 바꿔주지 못한다. 운이 좋으면 반등해서 본전에 매도하고, 운이 나쁘면 곱하기로 커지는 손실의 성적표를 받아들일 뿐이다.

초심자의 행운으로 수익을 얻어서 투자금이 커지는 경우도 문제다. 보통 수익금이 커지게 되면 '이제 투자하는 법을 알았다'라는 생각에 더 많은 돈을 크게 투입하기 쉬워진다. 500만 원의 20%면 100만 원 수익이지만 5,000만 원의 20%면 1,000만 원 수익이라는 본능적 계산이 뇌를 지배하게 되기 때문이다. 수익을 본 기업에 더 투자하는 (소위 불타기) 행위 자체는 문제가 아니다. 구체적인 매수/매도 원칙 없이 느낌이나 감각에 의존하며 베팅하는 것이 문제다. 잠시 깃든 행운의 영향으로 돈을 벌었더라도, 수익을 관리하는 법을 모르기 때문에 결국 벌었던 수익은 사라지게 된다. 그 이후 자신이 무엇을 잘못했는지조차 모르는 채로 손실 구간에 접어들게 되면서 비자발적 장기투자, 방치투자로 남게 되는 경우가 다반사다.

결국 두 가지 경우 모두 가장 큰 문제는 시간이 지날수록 투자금이 커지는 것에 비해 '자금 관리(리스크 관리)'에 대해 의식적으로 신경 쓰고 공부하지 않으면 실력이 낮은 채로 유지된다는 것이다. 소액을 투자하면서 자금 관리를 배우는 사람은 없고, 소액이기 때문에 한호가 또는 시가매수로 긁어서 매수하고 매도하는 습관으로 시작하게 된다. 애초에 투자를 시작할 때 분할매수, 매도하는 습관이나 원칙을 들이지 않았기 때문에, 한 번에 사고파는 과정에서 몇 번의 실수가 누적되면 시쳇말로 '계좌가 녹는 현상'을 맞이하게 된다. 좋은 투자 기업을 발굴하고도 투자의 실패하는 케이스는 대부분 이런 경우다. '하수는 나쁜 종목으로 망하고 중수는 좋은 종목으로 망한다'와 같은 말이 투자자들 사이에서 괜히 도는 것이 아니다.

대표적인 투자 자산군 중에 주식이 부동산 대비 갖는 장점이 무엇인가? 바로 유동성과 분할로 매수가 가능하다는 점인데, 이 장점을 전혀 살리지 못하고 투자를 하게 되니 약세장이나 하락장을 맞이하게 되면 견디기 힘들 수밖에 없다. 아무리 우상향하는 기업이라도, 심지어 우상향한 미국 지수 투자자들 중에서도 잃는 사람은 항상 있다. **종목 선택, 시장 선택도 중요하지만 결국 성패는 자금 관리에 달려 있다.** 자금 관리법들 중에서 비교적 쉽게 익히고 따라 할 수 있는 세 가지를 소개하겠다. 투자액의 많고 적음에 상관없이 한 번은 고민하고 적용을 시도해보길 바란다.

매입 단가의 집착에서
벗어나자

분할매수, 매도가 어려운 사람에게 가장 추천하는 자금 관리 방식이다. 많은 이가 투자할 때 계좌를 하나만 사용하거나, 많아야 2개 정도인 경우가 많다. 그러나 소액이더라도 계좌를 여러 개 만들어서 운용하는 것을 추천한다. 보통 계좌를 나누어서 투자하는 경우에는 '다양한 투자법을 시도해보기 위함'인 경우가 많다. 1번 계좌는 트레이딩 연습용, 2번 계좌는 적립식 투자용, 3번 계좌는 장기투자용 이런 식이다. 물론 이러한 시도도 좋지만, '같은 종목을 다른 계좌에 나눠서 사는 연습'을 해보는 것을 추천한다. '같은 종목을 여러 계좌에 나누어서 매수해보는 것'이 다중계좌 관리법의 핵심이다. 왜 군이 같은 종목을 다른 계좌에 나눠서 사보라는 걸까? 그 이유는 '평균 매입 단가'에 집착하는 버릇을 내려놓기 위함이다.

투자의 손익은 {(매도가 - 매수가) × 보유 주식 수}라는 단순한 공식으로 결정된다. 결국 수익금을 결정하는 것은 '얼마나 많이 올랐느냐'도 중요하지만, '얼마나 의미있는 비중으로 매수했느냐'가 중요하다. 특히 좋은 기업을 발견했다 하더라도 초보 투자자들이 2~3배 이상 수익을 끌고 가며 홀딩하는 것은 기적에 가깝다. 대부분은 짧으면 15~20%, 많아도 30~50%에서 매도하기 때문에 보유 수량, 비중이 수익금을 결정하는 경우가 많다. 결국, 수량을 늘리려면 지속적으로 매수를 해야 하지만, 주가가 오르는 과정에서 추가 매수를 주저하는 사람들이 많다. **'내가 보유한 주식의 평균 매입 단가가 올라가는 것이 불편'하기 때문이다.** 이를 불편해하는 이유는 크게 두 가지다. 첫째, 단기매매를 하는 경우에는 애초에 목표 수익률이 낮은 경우가 많기 때문에 오른 주식에서 매입하면 (소위 '불타기') 약간의 조정만 와도 본전에 가까워져서 그 과정을 못 견디기 때문이다(잘 오지 않는 수익 기회였는데 그마저도 날려버리는 것에 대한 두려움은 덤이다). 또 다른 이유로는 내 평균 매입 단가의 낮음이야말로 '내가 얼마나 이 주식을 싸게 샀는지 나의 혜안을 보여주는 지표'라고 생각하는 경우가 많기 때문이다. 이런 감정들은 당연히 누구나 투자 초기에 한 번쯤은 겪는 수순인지라, 심리적으로는 충분히 공감된다. 그러나 바람직한 태도는 아니기 때문에 반드시 개선해야 한다.

이를 개선하기 위한 다중계좌 관리법은 크게 '금액 기준 분리 운용', '수량 기준 분리 운용' 두 가지 방법이 있다. 우선 금액 기준 분리 운용부터 알아보자. 참고로 이 책에서는 하나의 계좌에서 매매하는 경우를 '단일계좌 운용', 계좌를 나누어서 분할매매하는 것을 (금액 기준) '다중계좌 운용'이라고 간단히 정의했다.

1) 금액 기준 분리 운용

'금액 기준 분리 운용'은 동일한 기업의 주식을 매수/매도할 때 기준가에 따라 계좌를 나누어서 매매하는 방식이다. 단일계좌 운용을 하는 경우에는 일반적으로 처음 매수가에서 보유 비중의 50~70%를 투입하는 경우가 대부분일 것이다. 대부분의 투자자들이 매수한 시점 자체가 '주가의 저점 부근'일 것이라 분석했기 때문이다. 그 이후 지속적으로 실적에 따라 주가가 상승하거나 아니면 약간은 횡보한 후 상승하는 시나리오를 생각했기 때문에 초기에 의미있게 비중을 실어서 매수했을 것이다. 바람대로 주가가 지속 상승하면 행복한 상황이겠지만, 야속하게도 주식시장의 주가 흐름이 투자자의 생각대로 되지 않기 마련이다. 그렇다면 처음 투자자의 예상과 다르게 주가 흐름이 이어지는 경우 어떻게 해야 하는가? 주식시장의 유명한 격언인 '투자는 예측이 아니라 대응이다'라는 가르침대로 어떻게 대응할 수 있는가를 생각해보자. 주가가 횡보라도 하면 다행이지만 하락하는 경우 투자자의 선택지는 세 가지로 나뉜다.

1) 추가로 더 매수한다

2) 일단 지켜본다

3) 매도하여 비중을 줄인다

'대응하면 그만이지 왜 굳이 계좌를 나누어서 해야 하나?'라는 의문이 들 수 있다. **돈에는 이름표가 붙어있지 않지만 투자자의 머릿속에는 이미 각각의 돈에 꼬리표가 붙어있다.** 월급이 들어오면 자동이체 시켜 놓지 않아도 머릿속에서 이미 대출이자, 생활비, 투자비, 용돈 등을 나누고 있지 않은가? 이른바 '심리계좌' 같은 것이다. 투자에서도 마찬가지다. 투자자는 '기업'을 본다고 하지만 1차적으로는 가격에 민감할 수밖에 없다. '내가 얼마나 이 기업을 믿느냐'의 여부보다 '내가 얼마나 싸게 샀고 현재 수익권인가?'에 따라 매매를 결정하고 휘둘리는 투자를 하기 쉽기 때문에, 손실 상황일수록 이성적인 판단보다는 감성적이고 본능적인 투자를 하기 쉬워진다. 그래서 계좌 분리와 같은 시스템적 장치를 만드는 것이다.

예를 들어, 투자금이 1,000만 원이고 A라는 기업의 현재 주식이 10,000원이며, 향후 기업의 가치를 반영했을 때 목표 주가를 20,000원으로 책정한 투자가 있다고 가정해보자. 보통 개별 주식에 투자하는 경우 큰 악재가 없어도 -20~30% 수준의 하락 조정은 흔하게 일어난다. '너무 좋아 보이는 기업'이라고 판단해서 처음에 50% 정도 금액을 매수하고, 주가가 하락하자 '시장의 오해다, 주가 하락은 기회다'라는 생각에 떨어질 때마다 매수해서 30% 정도를 더 매수하고 남은 현금이 20%인 상황이라면? 대부분은 다음과 방식으로 매수했을 것이다.

처음 -5~8% 정도 손실이 발생했을 때: 관망하거나 매수 고민 (50%)

-10~20% 정도 추가 손실이 이어질 때: 주로 이 구간에서 대부분의 자금을 투입해 매수 (30%)

-20%~30% 이상 큰 폭의 하락: 포트폴리오 리밸런싱 및 잔여 현금을 투입할지 고민 (20%)

초기에 소폭으로 하락할 때는 적극적으로 추가 매수하던 투자자들도 -20~30%의 큰 폭으로 하락하게 되면 초기 아이디어인 '가치와 가격'의 괴리가 더 벌어졌음에도 불구하고, 매수를 주저하게 된다. 왜 그럴까? 게다가 미리 매수해놓은 높은 비중 때문에 추가로 매수한다고 해도 매입 단가는 크게 떨어지지 않고, 동시에 수익보다 본전에 대한 생각이 먼저 떠오르게 된다. 그 간극이 멀어지면서 이성적인 판단보다 심리적인 부분의 고민이 커지기 때문이다. 이 '본전 심리'를 못 버리는 투자자들에게 다중계좌 분리법은 상당히 유용하다. 방법은 실로 단순하다. 한 계좌에서 추가 매수하던 구간만큼 계좌를 여러 개 만든 후, 해당 계좌에서 매수하는 것이다. 그 두 방식을 비교해보면 아래 표와 같다.

	주가/수량(원/주)	
	단일계좌 운용	다중계좌 운용
초기	20,000 / 250	20,000 / 250
1차	18,000 / 150	18,000 / 150
2차	15,000 / 220	15,000 / 220
평균 매입 단가	16,129 / 620	16,129 / 620

계좌별로 각 주식의 총합, 즉 평균 매입 단가는 동일하다. 그러나 '심리 관리' 측면에서는 계좌를 나누어 운용하는 것이 훨씬

유리하다. 경험이 적거나 심리적으로 잘 휘둘리는 투자자들의 경우에는 '본전 심리'에 취약하기 때문이다. 흔히 사람들은 '물타기'와 '분할 매수'를 혼동한다. 생각 없이 떨어진다고 매수하면 '물타기'고, 떨어지는 상황을 계획해서 매수하면 '분할 매수'라고 말이다. 그러나 두 경우 모두 목표가 평균 매입 단가를 낮추는 행위임은 동일하다. 그렇다면 무엇이 차이일까? '평단을 낮춰서 본전 오면 팔아야지'라는 생각이 들면 물타기고, '평단을 낮췄더라도 최종 목표가를 바꾸지 않는다'면 분할매수다. 초기 20,000원일 때도 '가치 대비 싸다'라고 판단해서 매수를 했을 텐데, **주가와 평균 매입 단가가 낮아졌다는 이유만으로 매도 목표가를 낮춘다면? 본인의 투자 원칙, 프로세스 자체에서 무언가 잘못된 것은 아닌가를 의심해봐야 한다.** '본전 탈출 심리'를 관리하고 초기의 투자 아이디어 실현을 위한 매도 목표 시점까지 홀딩하는 힘을 길러주는 데 도움 되는 것이 다중계좌 운용의 가장 큰 장점이다. 주가 흐름별 각 방식의 차이를 비교한 것을 요약해보면 다음 표와 같다.

물론, 주가가 지속 상승하는 경우에는 단일계좌 운용을 통한 매수 후 보유 전략이 가장 수익률이 높을 것이다. 분할 매수하는 경우가 '수익률이 상대적으로 낮아졌는데요?'라는 불만이 생기는 사람에게는 '수익이 났는데 그게 걱정일까요?'라는 답변을 준다.

주가	단일계좌 운용	다중계좌 운용
지속 하락	열위	우위
하락 후 반등	열위	우위
횡보	열위	우위
상승/하락 반복	열위	우위
지속 상승	우위	열위

지속 상승 시 보유는 상대적으로 난이도가 쉽다. 최소한 즐거운 상황이기 때문이다. 그 외의 경우, 특히 자금 관리가 미숙한 투자자들의 경우 다중계좌를 운용하는 것이 수익률 제고에 도움이 된다는 것을 알 수 있다. 재차 강조하는 것으로, 실수를 줄이는 관점의 접근과 방법론이 핵심이다.

2) 수량 기준 분리 운용

이 방법에 익숙해지면 또 다른 방법인 '수량 기준 분리 운용'까지 확장이 가능하다. 투자의 시계열을 1년 또는 2~3년 이상 바라보는 투자자들의 경우, 해당 투자의 '목표 수익률'을 3년에 2배 정도를 목표로 하는 것이 일반적이다. 그러나 실제로 투자하다 보면 첫해에는 20%, 다음 해에는 50% 그다음 해에는 100%, 이렇게 누적 수익률이 꾸준하게 우상향하는 케이스는 상당히 드물다. 주가는 일정 구간에서 등락을 반복하다가 어느 순간 시장 참여자들의 관심 또는 기업의 가치를 알아본 대규모 자금이 유입되면서 단기간에 강한 상승을 하는 경우가 대부분이기 때문이다. 이러한 경우, 많은 투자자들이 수익이 확정되지 않은 상태에서 시간만 흘러가게 되는 현실을 못 견디고, 강한 상승을 보이는 다른 주식으로 갈아타는 유혹에 빠지기 쉽다. 교체 매매한 기업의 주식이 더 많이 상승해준다면 그나마 다행이겠지만, 대부분의 경우 야속하게도 '왜 내가 사면 고점이고 내가 팔면 주가가 날아가는 거야' 하고 푸념하는 엔딩으로 끝나는 경우가 많다. '투자 아이디어가 훼손'되어서 매도를 했거나, '더 좋은 기업을 발견해서' 매도한 경우라면 투자가 실패로 끝나더라도 경험적으로 얻는 부분이 있겠지만, 이처럼 '가격'만을 보고 교체 매매하는 경우에는 얻는 것이 거의 없는 것이 가장 큰 문제다. 결국 투자 아이디어가 가격으로 실현되기까지의 기다리는 인내심이 중요한 것인데, **수량 기준 분리 운용' 방법의 최대 장점은 '핵심 보유 종목의 수량은 유지' 하면서도 대부분의 투자자가 힘들어하는 주가 박스권의 횡보 구간을 견디는 데 도움이 된다는 점이다.** 쉽게 말하자면 기존의 투자법에 약간의 트레이딩을 섞어주는 것이다. A라는 종목의 전체 비중을 100이라고 한다면 그중 10 정도의 비중을 별도 계좌로 옮겨서 횡보 구간에서의 박스권 트레이딩을 해보는 것이다. 물론, 이 방식을 실행할 때에도 원칙과 주의사항이 있다.

원칙 1. 박스권 트레이딩이 잘된다고 해서 비중을 높이지 말 것.

원칙 2. 박스권 트레이딩에서 수익난 금액은 전액 본 계좌로 옮겨서 매수하여 수량을 늘릴 것.

원칙 3. 박스권 트레이딩 비중 축소 기준을 설정할 것.

예) 매매 3번 연속 실패하면 투자금 절반으로 줄이기, 전체 박스권 계좌 고점 대비 손실률 -20% 도달 시 투자금 절반으로 줄이기 등.

이 방법만이 정답은 아닐 것이다. 그러나 위와 같은 방식을 활용하면, 투자에서 어려운 '횡보 구간 속 인내'를 이겨내는 데 심리적인 도움과 함께 실제 계좌에서의 보유 수량을 늘리는 데도 도움이 된다.

현금을 못 지키는
사람들을 위한 대책

현금 보유가 어려운 사람에게 추천하는 자금 관리 방식이다. '돈이 일하게 하라'는 말과 '돈에게 쉴 틈을 주지 말고 굴려라'라는 말이 같은 뜻은 아닌데, 항상 주식 100% 비중을 기본으로 가져가는 사람들이 있다. 물론 투자에 정답은 없기에 그 방식이 본인에게 잘 맞으면 그만일 것이나, '대부분의 사람들'은 100% 비중의 투자 포트폴리오의 변동성을 견디지 못한다. 더욱이 인베스터든 트레이더든 투자액을 키우게 되면 강조하는 것이 현금 보유의 중요성이다. '리스크 관리'라는 측면에서 현금 보유만큼 쉬운 방법은 없기 때문이다(인버스 펀드나 옵션을 이용한 헷지보다는 현금 보유가 쉽다). 그러나 현금 보유의 중요성을 알고 있음에도 현금 비중 조절을 실패하는 투자자들이 너무나 많다. 현금 비중 관리가 '의지'로 가능하다고 착각하기 때문이다. 그러나 이 '현금 비중 관리' 또한 고정 비율로 관리하는 것이 중요하다. 투자금이 소액(1억 원 이하)인 경우에는 단순한 조치만으로도 쉽게 현금 비중을 고정적으로 관리할 수 있다. 직장인 투자자가 즉시 적용해볼만한 현금 비중 관리법 몇 가지를 소개하겠다.

1) 계좌 내 현금성 자산 매수

흔히 포트폴리오 내 현금 비중의 중요성을 설파할 때 '현금도 종목이다'라는 말을 인용하고는 한다. 그러나 실제로 현금을 종목처럼 다루기는 어렵다. 상승장이든 하락장이든 매수하고 싶은 종목은 항상 있기 마련이기 때문이다. 그러므로 강제적으로 현금을 보유하기 위해 제약하는 방법이 필요한데, 그중 하나가 '현금성 자산'을 매수하는 것이다. 대표적으로 증권계좌에서 활용할 수 있는 것이 바로 '파킹형 ETF' 상품이다. 이 파킹형 ETF의 특징은 짧은 단기간의 자금을 보관하면서도 이자 수익을 얻을 수 있는 장점이 있다. 증권계좌에 예수금으로 예치하면 연간 이자는 1%가 채 되지 않는 0.x% 수준의 이자를 제공하나, **파킹형 ETF**

상품에 가입해두면 현금을 보유하면서도 기준금리를 상회하는 이자 수준의 수익률을 얻을 수 있다. 대표 상품으로 국내 CD 금리 연동, KOFR 금리 연동, SOFR 금리 연동 상품이 있다. 각 상품의 장단점을 간단히 비교해보면 다음과 같다.

구분	개요	장점	단점
CD 금리	은행의 단기 자금 조달을 위한 양도성 예금증서(CD) 수익률을 따름.	국채 대비 높은 이자율, 하루만 투자해도 90일 만기 환산 이자 적용	국채보다는 높은 위험률
KOFR 금리	한국 무위험 지표 금리를 추종 (하루 만기의 국채나 통화안정 채권 담보)	초단기 국채 기반, 가장 안정적인 상품	수익률(이자율)이 상대적으로 낮음
SOFR 금리	미국의 무위험 지표 금리를 추종. 미국 국채 담보 단기 대출 기반 산출	달러자산 매수 효과, 원화 약세시 추가 수익 가능	원화 강세 시 손실 발생 가능

투자자의 성향에 따라 선택하여 매수하거나, 선택을 못하겠다면 단순히 'KODEX 단기채권' 같은 ETF를 매수하는 것도 무난한 선택이 된다. 적합한 현금 비중은 투자자의 성향에 따라 다르겠지만, 투자 경력이 길지 않다면 15~25% 수준을 추천한다. 계좌 내의 투자 종목 수는 투자자별로 천차만별이겠지만, 의미있는 비중으로 투자하는 종목의 수는 대부분 3~5개 수준이기 때문에, 해당 하락분에 대해 충분하게 대응이 가능하기 때문이다. 예를 들

어 집중 투자하는 종목이 3개인 경우 약 25% 비중의 현금을 보유하면 주력 보유 종목에서 강한 하락이 나오더라도 현금으로 대응이 가능하고, 5개인 경우에도 16.6% 수준의 현금을 보유하면 기존 종목의 하락분에 대해서 별도 계좌 매수 대응을 진행할 때 의미있는 수량을 매수할 수 있다.

"그냥 현금 보유하면 되지 이렇게 번거롭게 해야 하나?" 하는 생각이 들 수도 있지만, 재차 강조하는 '의지보다는 시스템'에서의 해결 접근 방식의 연장선이라고 보면 된다. **좋은 행동이라면 단계를 간소화하고, 지우고 싶은 행동이라면 절차를 복잡하게 하는 것, 즉 현금 보유가 어렵기 때문에 현금을 사용하는 데 여러 단계를 끼워 넣어 제약을 거는 것이다.** (기존의 현금 → 매수에서 ETF 매도 → 현금 → 매수) 이러한 단순해 보이는 장치 하나로도 현금 비중을 유지하는 데는 큰 도움이 된다.

2) 마이너스 통장 한도 기반 비중 관리

직장인의 장점 중 하나인 '근로소득으로 인한 신용'을 활용하는 방식이다. '빚내서 투자하는 것'에 두려움이나 거부감이 있는 분들에게도, 이러한 방법은 하나의 대안이 된다. 여기서 제시하는 방법은 단순히 '마이너스 통장'을 활용하는 것과는 약간 다르다. '마이너스 통장의 한도를 기반'으로 현금 비중을 설정하는 것이다. 예를 들어, 직장인이라면 다른 대출이 없는 경우에는 연봉의 1~1.5배의 수준까지, 주택담보대출을 활용하고 있는 경우에는 DSR 규제 때문에 5,000만 원 이하 수준으로 마이너스 통장 한도가 개설될 것이다. **이 한도를 기반으로 현금 비중과 더불어 역으로 나의 투자 규모를 결정하는 방법이다.** 예를 들어, 나의 마이너스통장 한도가 5,000만 원이고 현금 비중을 20%로 정했다면 내 주식계좌의 적정 한도는 2억 원이 된다. 향후 투자가 잘 진행되어, 예를 들어 투자금 4억 원으로 커지게 되었다면? 1억 원을 현금 비중으로 마련해야 하겠지만, 급여나 신용에 따른 마이너스통장 한도가 같은 속도로 커지기는 어려우므로 투자 수익이 발생한 금액의 일부(5,000만 원) + 마이너스 통장(5,000만 원) 한도를 합한 금액을 현금 비중으로 설정하는 식으로 운용하면 된다.

3) 연금계좌 활용

마지막 현금 비중 관리 방식인 '연금계좌 활용'은 앞서 언급한 방식들 대비 다소 제한적이다. 전제 조건이 붙기 때문이다. 이 방식을 활용하려면 개인연금저축펀드 또는 개인퇴직연금IRP를 꾸준하게 납입하고 있는 사람이거나, 또는 퇴직연금 DC형(확정기여형, 회사에서 적립금을 근로자 계좌에 설정해주면 근로자가 직접 운용하는 방식)이어야 가능하다. 운용 방식은 마이너스 통장의 한도 방식과 동일하다. **연금저축펀드+개인퇴직연금+퇴직연금DC형 누적금액의 합산분만큼을 현금 비중으로 설정하고, 그에 비례하여 주식계좌 운용금액을 결정하는 것이다.** 대상이 제한적이라는 단점이 있는 만큼 장점도 분명 존재한다. 연금계좌의 특징이 '절세 효과'다. 일반적으로 예금/적금을 하든, 파킹형 통장을 하든 '예금성 자산'에 하는 경우 발생한 이자의 15.4%를 이자소득세로 납입하게 되어있다. 그러나 연금계좌에서 운용하는 경우 이에 대한 과세가 '향후 인출 시점'까지 이연된다. 또한 55세 이후 연금 형태

구분	컨셉	비고
현금성 자산 매수	파킹형 ETF 활용하여 현금 비중 관리	포트폴리오 내에서 15~20% 내외 적정 비중으로 리밸런싱
마이너스 통장	마이너스 통장 한도에 비례하여 주식 비중 관리	레버리지이므로 1년 저축 가능액 수준으로 운용
연금계좌 활용	일반 계좌는 주식 100%로 운용하고, 연금저축계좌 또는 퇴직연금(DC)를 현금 대용으로 활용	지수 인덱스와 달러 인덱스 기반으로 과매도 구간 시 베팅

| 현금 고정 비율 관리 세 가지 방식 요약표 |

로 인출할 경우 3.3~5.5%의 세율로 분리과세 되기 때문에 절세 측면에서 유리하다는 장점이 있다. 연금계좌 활용 요건에 해당하는 투자자들은 투자에 활용해보면 좋다.

4) 베팅 금액 조절법 (켈리 공식, 변동성 관리)

'아 나는 종목은 잘 골랐는데 비중 조절을 잘 못해'라고 생각하는 사람에게 추천하는 자금 관리 방식이다. 가장 많은 투자자들이 어려움을 겪는 부분이다. 따라서 이러한 베팅 비중 관리 또한 '감'이 아닌 기존 나의 투자 기록에 따른 '통계적 확률'을 도입해보면 실행하는 데 있어 다소 수월해진다. 대표적인 방식이 '켈리 방정식Kelly Formula'이다.

$$F = \frac{(R+1) \, x \, P\text{-}1}{R}$$

여기서 P는 투자자가 사용하는 전략의 승률, R은 투자자가 사용하는 전략의 손익비(돈을 벌 때 평균적으로 버는 금액/돈을 잃을 때 평균적으로 잃는 금액의 비율)다. 이를 바탕으로 계산되는 F는 한 거래에 투자하는 적정 베팅 비중을 의미한다. 이 수식을 처음 접한 투자자나 또는 투자 전략에 적용해보고자 하는 사람들은 두 가지 고민에 빠지게 될 것이다.

고민1) 내 투자 전략의 승률은 얼마나 되지?

고민2) 내 투자 전략의 손익비는 얼마나 되지?

대부분의 투자자들은 자신 계좌의 손익률은 알고 있는 반면, 각 개별 기업에 투자했을 때 승률이나 손익비에 대한 통계적 데이터가 없는 경우가 많다. 이상한 것이 아니다. 자금 관리에 대해 별도로 신경쓰지 않았다면 자연스러운 것이며, 이제부터라도 고민해보고 계산해보겠다는 다짐과 실행이 중요한 것이다. 켈리 공식을 기반으로 몇 가지 경우의 수 (승률 2:1, 1:1. 1:2)에 따른 적정 베팅 비율을 정리했다.

뒤의 표를 봤을 때 가장 먼저 눈에 들어오는 것은 무엇인가? **'어느 칸에도 한 번에 100% 베팅하는 경우는 없다'는 것이 가장 먼저 눈에 띈다. 흔히 말하는 '몰빵, 한방투자' 이런 것은 아예 논외라는 것이다.** 그다음으로 떠오른 것은 '승률'의 영향에 따른 베팅 비율의 의미다. 첫 번째로 승률이 낮은 구간에서는 베팅 비율 자체를 낮춰야 한다는 것을 알려준다. '투자 슬럼프' 또는 '시장이 좋지 않아서 손실이 늘어날 때'는 적극적으로 무엇을 하려고 하

손익비	승률	베팅 비율	손익비	승률	베팅 비율	손익비	승률	베팅 비율
0.5	0.66	−2%	0.5	0.5	−50%	0.5	0.33	−101%
0.8	0.66	24%	0.8	0.5	−13%	0.8	0.33	−51%
1	0.66	32%	1	0.5	0%	1	0.33	−34%
1.2	0.66	38%	1.2	0.5	8%	1.2	0.33	−23%
1.4	0.66	42%	1.4	0.5	14%	1.4	0.33	−15%
1.6	0.66	45%	1.6	0.5	19%	1.6	0.33	−9%
1.8	0.66	47%	1.8	0.5	22%	1.8	0.33	−4%
2	0.66	49%	2	0.5	25%	2	0.33	−1%
3	0.66	55%	3	0.5	33%	3	0.33	11%
4	0.66	58%	4	0.5	38%	4	0.33	16%
5	0.66	59%	5	0.5	40%	5	0.33	20%

| 켈리 공식 예시 |

지 말아야 한다. 이른바 '한방에 복구하려는 생각으로 집중투자를 빙자한 몰빵투자'를 하고자 하는 욕망이 차오르겠지만, **이러한 마음과 반대로 승률이 다시 높아질 때까지 베팅 비율을 낮추고 냉정함을 되찾아야 한다는 것이다.** 두 번째로 승률이 높은 영역(0.66)에서는 손익비가 올라가더라도 베팅 비율이 가파르게 오르지 않는다는 것을 알 수 있다. 이 또한 투자 수익이 잘 나는 시

기에 투자자는 '여기서 베팅해서 수익 내고 또 얻어서 수익 내면 얼마야…!' 심적으로 흥분되어 베팅액을 높이기 쉽지만, 수학적으로 냉정히 따져보면, 손익비가 올라가더라도 베팅 비율은 일정하게 유지해야 한다는 점을 알려준다. 마지막으로 '승률' 자체를 높이려는 노력이 상당히 중요함을 알 수 있다. '손익비'의 경우 손절매는 투자자가 정할 수 있지만 수익률은 개인 투자자의 역량보다는 시장이 결정하는 경우가 많기 때문에 노력으로 좌우되는 것이 아니다. 그러나 '승률'의 경우 얼마나 투자하지 말아야 할 대상을 잘 걸러내느냐에 따른, 즉 투자자의 능력이 관여하는 부분이 상대적으로 높다는 점이다. 앞서 언마한 '자신만의 관점을 가지고 유리한 확률에서의 베팅'이 중요한 점을 이렇게 또 확인할 수 있다.

위기가 도래했을 때, 유동성을 확보하기 위해 비유동성 자산을 현금으로 바꾸는 것은 매우 값비싼 전략이다. 폭풍우 속에서 우산을 찾는 것은 거의 불가능하거나 매우 비싼 대가를 치러야 한다.

— 마이런 숄즈

정말 시간이 없는
직장인들을 위한 투자법

직장인 투자자의 약점 부분을 생각해보자. 앞서 언급한 것과 같이 대표적인 약점은 '전문 투자자 대비 투자에 쓸 수 있는 시간이 적다'는 것이다. 약점을 알았다면, 대응은 크게 두 가지다. **약점을 극복하는 방안을 생각하거나, 약점을 인정한 상태에서 투자할 수 있는 방식을 선택하는 것.** 많은 선배 직장인 투자자들이 강조하는 내용이 있다. '직장인 투자자라도 하루에 못해도 최소 3시간은 확보해서 투자 공부에 써야 한다'라는 말이다. 흥미로운 것은 이 '하루 3시간'을 바라보는 직장인 투자자들의 생각들이 다르다는 점이다. '전업 투자자나 기관 투자자들은 밥 먹고 하는 것이 투자활동인데 3시간으로도 싸움이 될까?' 하는 측면과 '일과 가

사가 바빠서 하루 3시간도 내기 어려운데 어떡하죠?'라는 반응들이 있었다. 기본적으로 내가 투자에 대해 어떤 관점으로 바라보고 있느냐에 따라 각자 투자자의 방법 또한 달라져야 한다. "하루 3시간만으로는 프로들과 싸울 수 없다" 이와 같은 생각이라면 이 시간적 제약을 극복할 수 있는 투자 방안들을 고민하고 만들어내야 하며, "하루 3시간 내기도 버겁다"라면 약점을 인정한 상태에서 투자할 수 있는 법을 고려하는 자세가 현실적이다. **좋다/나쁘다의 기준이 아니라 현실적으로 내가 할 수 있느냐/없느냐, 자신의 상황과 능력에 대한 판단과 선택의 문제다.**

3시간도 부족하다고 생각하는 투자자에게는 결국 선택과 집중이 필요하다. 일반적인 전문 애널리스트가 커버하는 기업의 수는 약 20개 내외일 것이다. 이 사람이 하루 12시간을 투자 관련 업무를 한다고 생각해보면, 산술적으로도 직장인 투자자는 약 4~5개를 커버 종목으로 한정하는 것이 맞다. 사실, 기본적인 부분만 공부하는 정도라면 모든 섹터를 하나씩 다 봐도 무방하다. 그러나 정말 집중투자를 위해 깊이 공부하고 꾸준하게 팔로업하려면 현실적으로 4~5개 수준이 적정하다. 그러면 누군가 이런 질문을 할 수도 있다.

'어느 정도 공부를 하고 나면 꾸준히 팔로업하는 동안은 크게 시간이 들어가지 않을 텐데, 더 넓혀도 되지 않나요?'

물론, 그렇게 생각할 수 있다. 그러나 '내가 집중해서 공부하고 투자한 기업'만을 보는 것이 아니라, 전체적인 전방 산업과, 현재 경쟁사의 동향, 잠재적 기업들 검토 등 직접 투자하는 기업 외에도 제반 사항에 대해 공부할 것은 꾸준히 생긴다. 실제로 집중 투자를 하게 되면 생각보다 투자 공부에 시간이 많이 투입된다는 것을 느낄 것이다. 그래서 커버하는 기업의 수도 선택과 집중이 필요하다.

투자 스터디의 도움을 받아야 한다

선택과 집중을 해도 모자라는 부분은 결국 외부의 힘을 빌리는 수밖에 없다. 시간적, 물리적 한계가 있기 때문이다. 따라서 투자 스터디, 리서치 자료(탐방노트, 리포트 등) 구입 등으로 직장인 투자자의 부족한 시간을 보완하는 방법을 자연스럽게 찾아보게 되고 본인의 취향에 맞게 선택하게 된다. 유료 리서치 자료(탐방노트, 데이터 정리, 투자 리포트)를 활용하는 것도 좋지만 가장 추천하는 방식은 역시 '내가 능동적으로 참여할 수 밖에 없는' 투자 스터디다. 투자 스터디의 대표적 장점은 다양한 현업 종사자들(다른 산업, 전업 투자자, 기관 매니저 등)과 함께 의견을 나눌 수 있다는 것과 독자적으로 투자하는 경우에 비해 많은 자료를 모아서 보고 토론할 수 있다는 것이다. 특히, 남에게 가르쳐서 이해시킨다는 생각으로 공부하고 자료를 준비하는 과정이 스터디원뿐만 아니라 본인의 실력 향상에 큰 도움이 되기 때문이다. 나와 비슷한 방식과 노력을 하는 스터디원을 모아가고 함께 할수록 내가 부족했던 시간적 요소를 어느 정도 채울 수 있게 된다.

기본적으로 주변에 투자 관련 이야기를 자세히 한다는 것은 굉장한 리스크를 안고 가는 행동이다. 자산의 '상승장'에서는 질투의 대상이 되고 '하락장'에서는 은근 잘 안되길 바라는 심보가 드러나기 때문이다. '돈'이라는 것 자체가 정치, 종교와 같이 사람마다 대하는 가치관의 차이가 분명 있기 때문에 다른 길을 걷는 사람에게는, 특히 직장에서는 더더욱 조심해야 한다. 그래서 직장인 투자자는 '투자 이야기를 마음 편히 할 사람이 적다'라는 점 때문에 외롭다. 친구, 지인들과도 투자 이야기를 깊게 할 사람을 찾기란 쉽지 않기 때문에, 이러한 약점을 보완하는 곳이 투자 스터디다. 거기에 더해 사실 투자 스터디가 주는 가장 큰 강점은 '하락장'에서 부각된다는 점을 강조하고 싶다. 시장이 좋을 때는 스터디도 각종 커뮤니티들도 활발히 소통이 되지만, 하락장이 오면 분위기가 달라진다. 보통 더 끈끈해지는 모임이 있고 어색해지는 모임이 있다. 어색해지는 모임은 조용해지고 예민해지고 예전 같이 활발하게 투자 아이디어가 공유되지 않는다. 그러나 오랫동안 유지되는 끈끈한 투자 스터디의 경우, 이런 고통의 시기를 함께 이겨낸 경험을 할 수 있다는 차별점이 있다. 투자를 더 잘할 수 있는 방법 중 하나가 어려운 난관에 빠졌을 때, 위로받을 수 있는 관계를 잘 만들어놓는 것도 그중 하나라는 점을 염두에 두길 바란다. **보통 사람은 위기나 극한 상황에서 자기 본성이 나오기 마련이다. 정말로 투자에 진심이고 자기 제어가 되는 사람은 이 또한 결국 지나갈 것이라는 것을 알기에, 힘들지만 최대한 웃으며 보내고자 하는 사람들이다. 이런 사람들을 찾고 관계를 반드시 지켜라.** 나에게 힘을 줄 수 있는 사람들을 잘되게 하고, 그들도 즐겁게 만들다 보면 어려운 시기일수록 더 많은 기회가 주어질 수 있다. 머리로는 알지만 그동안 실천에 옮기지 못한 투자자가 있다면, 앞서 말한 투자 루틴들을 실행하며 자신만의 기록을 바탕으로 투자 스터디에 지원해보거나 비슷한 투자자들이 있다면 먼저 손을 내밀어 투자 스터디를 만들어 운영해보는 것을 추천한다.

반면 하루 3시간도 버겁다고 생각하는 투자자는 '리서치 기반 투자'에 대한 접근 방법을 바꾸는 것이 현실적이다. 앞서 말한 투자에 필요한 요소였던 '시간과 리서치, 노력'을 뒤집어서 생각하는 것이다. 즉, 시간과 노력이 비교적 적게 들어가는 투자 가능한 방식을 찾아서 선택해야 한다. 물론 앞선 방식보다는 기대 수익률의 눈높이는 낮춰야 한다. **이 세상에는 빠르게 돈 버는 방법도 있고, 쉽게 돈 버는 방법도 있지만, 쉽고 빠르게 돈 버는 방식은 없다.** (늘 그렇듯이 금융사기는 '누구나 쉽고 빠르게 돈 버는 방식'이라는 탈을 쓰고 대중을 유혹한다.) 그렇다면, 시간과 노력이 상대적으로 적게 들어가는 투자 방식은 무엇이며 어떤 특징이 있을까?

'리서치가 거의 필요 없는 투자'여야 한다

리서치를 기반으로 투자한다는 것은 결국 '투자자의 지적 우위'라는 룰 위에서 플레이한다는 것을 의미한다. 지적 우위를 얻기 위해서는 지능과 기질도 중요하겠지만 결국 투입하는 시간과 노력에 어느 정도 비례할 수밖에 없다. 개인 투자자로서 큰돈을 벌어들인 사람들의 특징 중 하나는 '중소형주'를 성장 초기 단계일 때 발굴해 투자했다는 점이다. 지금 이순간에도 부지런히 기업 탐방을 다니고 컨퍼런스콜Conference Call(투자자 대상 기업 설명회)을 듣고 실적 관련 데이터를 매일 확인하는 수많은 전업 투자자들이 있다. 이런 투자자들과 하루 3시간도 내기 힘든 직장인 투자자가 같은 룰에서 플레이한다면 승산이 높을까? 당연히 0%는 아니겠지만 승산이 높은 접근 방법은 아닐 것이다. **오히려 천재적인 개인 투자자들의 방향과 반대로 가야 한다. 따라서, '지적 우위'가 좌우하는 시장이 아니라, '시장 참여자들 간 지식 격차가 적은 투자 대상'에 투자해야 한다.** 개인적으로 개별주에 투자한다면 국내, 글로벌 증시를 가리지 말고 좋은 기업을 발굴해야 한다는 생각이지만, 지수에 투자한다면 국내 증시 대신 추종 자금이 많고, 자본시장이 선진화된 세계 증시 추종 ETF(인덱스 펀드)에 투자해야 한다.

물론 인덱스 ETF에 꾸준히 투자하는 것조차 결코 쉬운 일은 아니다. 그래프처럼 몇 년에 한 번은 -20% 이상 큰 폭의 하락이 있었고 최대 하락폭은 -50%에 달했다. 더 짧은 시계열로 나누어 들여다보더라도 수많은 호재와 악재가 엇갈리고 고점 대비 -10~20%의 일시적 하락을 연간 수차례 맞이하기 때문이다. 그러나 결국 자본시장은 해답을 찾아냈고, 통화가치가 떨어지는 인플레이션을 이겨내는 수익률을 안겨줬다. 처음에는 호기롭게 엑셀에 연 20%, 30%, 50% 수익률을 넣어놓고 n년 뒤 계좌의 총액이 늘어나는 것을 기대하겠지만, 실제 투자에 참여해본 투자자들은 안다. 인덱스 수익률을 수년, 수십 년간 꾸준히 이긴다는 것이 얼마나 어려운 일인지를 말이다. 따라서, 개별주 분석에 투자할 충분한 시간과 노력이 없다면, 이와 같이 대표적인 시장 추종 ETF

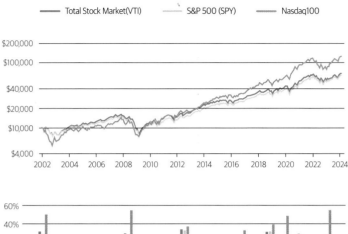

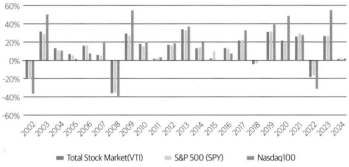

| 대표 인덱스 ETF의 수익률 백테스트 결과 |

Portfolio	초기 투자금	최종 평가금	CAGR	표준 편차	최고 수익 (년)	최고 손실 (년)	최대 하락폭
Total Stock Market (VTI)	$10,000	$67,910	9.06%	15.50%	33.45%	−36.98%	−50.84%
S&P 500 (SPY)	$10,000	$63,986	8.77%	15.08%	32.31%	−36.81%	−50.80%
Nasdaq100 (QQQ)	$10,000	$125,504	12.14%	19.64%	54.85%	−41.73%	−49.74%

에 대부분의 자금을 투입하고(80~90% 이상), 그 외 자신이 지식 우위를 갖는 분야가 있다면 해당 분야에 대해 개별주 투자를 진행하는 것이 현실적이다. **이후 경험과 지식이 쌓이고 자신만의 투자법으로 개별주 투자 수익률이 인덱스 ETF를 지속적으로 웃돈다면, 그때 가서 개별주 투자를 늘려도 시간은 충분하다.**

손익비가 아주 우수한 상황이어야 한다

즉, 폭락 시에만 집중 베팅을 하는 것이다. 국내 증시에서 주식 투자로 큰 부를 이룬 사람들의 공통점이 한 가지 더 있다. '폭락장에서 살아남아 베팅을 한 사람'이라는 점이다. 최근 10년 내 국내 증시의 하락장은 두 차례 있었다. 2018~2019년의 미중 무역 분쟁으로 인한 하락과 2022년 금리 급등에 따른 하락장이다. 그러나 이런 '하락장' 수준이 아닌 '폭락장'에서도 투자를 했다. '폭락장'의 사전적 정의는 따로 없지만, 대부분 투자자들은 '사이드카Sidecar' 발동 또는 '서킷브레이커Circuit Breaker'가 발동되는 시장을 의미하며, 개인적으로는 '서킷브레이커'가 발동된 경우로만 정의 내리고 있다. (최근의 폭락장은 2020년 COVID-19 폭락이다.)

사이드카의 경우 선물 시장 기준이고 하락뿐만 아니라 상승

	사이드카	서킷브레이커
정의	• 선물시장이 급변할 경우, 현물시장에 대한 영향을 최소화함으로써 현물시장을 안정적으로 운용하기 위해 도입한 프로그램 매매호가 관리제도다.	• 전기 회로에서 서킷브레이커가 과열된 회로를 차단하는 장치를 말하듯, 주식시장에서 주가가 갑자기 급락하는 경우 시장에 미치는 충격을 완화하기 위하여 주식매매를 일시 정지하는 제도로 '주식거래 중단제도'라고도 한다.
발동 요건	• 코스피200선물 가격이 기준가격 대비 5% 이상 상승(하락)해 1분간 지속 • 코스닥150선물 가격이 기준가격 대비 6% 이상 상승(하락)하고, 코스닥150이 3% 이상 상승(하락)해 1분간 지속	• 1단계: 코스피/코스닥지수 전일 대비 8% 이상 하락해 1분간 지속 • 2단계: 코스피/코스닥지수 전일 대비 15% 이상 하락, 1단계 서킷브레이커 발동 시점 대비 1% 이상 추가 하락해 1분간 지속 • 3단계: 코스피/코스닥지수 전일 대비 20% 이상 하락, 2단계 서킷브레이커 발동 시점 대비 1% 이상 추가 하락해 1분간 지속
효력	• 프로그램 매매호가의 효력을 5분간 정지 ＊ 모든 호가(신규·취소·정정호가)의 효력 정지(접수는 가능) － 해제시점: ① 효력 정지 후 5분 경과 시점. ② 장 종료 40분 전. ③ 서킷브레이커 및 임시 정지에 따라 매매거래 중단 후 재개 시점	• 1~2단계: 주식시장 및 관련 파생상품 시장 20분간 매매거래 정지 ＊ 신규·정정호가 접수 불가, 최소호가 가능 － 거래 재개 시 10분간 단일가 매매 • 3단계: 당일 장 종료 조치 ＊ 취소호가를 포함한 모든 호가 접수 불가
기타	• 1일 1회에 한참 － 장 개시 후 5분 전, 장 종료 40분 전 이후에는 발동하지 않음	• 단계별 1일 1회에 한함 － 1~2단계는 14:50 이후 발동하지 않음 － 3단계는 15:20 이후 발동하지 않음

| 사이드카 및 서킷브레이커 비교 |

기간에도 나오기 때문에, '사이드카'보다는 더 강한 하락 때 발동되는 '서킷브레이커'를 기준으로 삼는 것이 맞다. 국내 증시에서의 서킷브레이커 발동의 역사는 다음과 같다.

일시	발동 시장	지수 하락 원인
2000.4.17	코스피	뉴욕 증시 '검은 금요일'(다우 5.56%, 나스닥 9.67% 하락)
2000.9.18	코스피	뉴욕 증시 하락, 포드의 대우차 인수 포기, 유가 급등
2001.9.12	코스피	미국 9·11 테러
2006.1.23	코스닥	뉴욕 증시 악화 및 테마주 급락
2007.8.16	코스닥	미국발 서브프라임 위기 확산
2008.10.23	코스닥	글로벌 금융위기
2008.10.24	코스닥	글로벌 금융위기
2011.8.8	코스닥	미국 신용등급 하향 충격 및 세계 경제 둔화 우려
2011.8.9	코스닥	미국 신용등급 하향 충격 및 세계 경제 둔화 우려
2016.2.12	코스닥	글로벌 경기 침체 우려 확대로 인한 해외 주요 증시 급락 및 북한 리스크 재부각 등
2020.3.13	코스피	신종 코로나바이러스감염증(코로나19) 및 국제유가 급락 등에 따른 글로벌 경기둔화 우려 확대
2020.3.13	코스닥	

| 국내 증시 서킷브레이커 발동의 역사 |

당시 투자를 직접 하는 사람이 아니었더라도 뉴스에 도배되었던 내용이라 키워드는 눈에 익을 것이다. 그만큼 충격이 컸던 이벤트들이었고, 코스피, 코스닥 지수가 하루 만에 -8~9% 하락한다는 것은 개별주는 최소 -15~20% 이상 폭락한다는 뜻이다. 개별 기업의 주가는 기업 자체의 근본적인 문제가 발생하는 경우라

든지, 실적 악화라든지 다양한 이유로 -15~20% 이상 하락할 수 있으나, 대부분의 주식이 한 번에 이만큼 하락한다는 것은 펀더멘털의 문제가 아니라 시장의 평가 시스템 자체가 무너져내린 것에 대한 여파다. 이때 실제 악화되는 기업과 문제가 없는 데 문제가 있는 기업의 주가와 같이 폭락하는 경우가 나온다(이를 'fire sale price'라고도 한다). 이때 의미 있는 수준의 베팅을 한 투자자들이 소위 '자산의 앞자리'가 바뀌는 퀀텀점프를 경험했던 사람들이다. 그러나 대부분의 투자자의 경우 비정상적 폭락 상황에서 정상적인 판단을 할 수 있는 투자자는 드물다. 그래서 '감'이 아닌 '숫자'에 기반한 폭락 지표가 '서킷브레이커'의 발동이라는 것이다. 대부분의 경우, 폭락이 오고, 서킷브레이커 발동된 이후 수개월 내에 주가가 회복되었기 때문이다. 물론, 10년에 한두 번 올까 말까한 기회를 위해 투자시장에서 항상 빠져있다가 폭락이 왔을 때만 베팅한다는 것이 현실적으로 가능할까? 그렇기에 일정 부분은 시장에 참여를 하고 있어야 하며, 그 적절한 비중은 투자자가 스스로 찾아내야 한다. 그러나 경험상 반등 시 유의미한 수익을 내는 베팅이 되려면 최소 1~2억 원 정도의 자금이 마련되어 있어야 한다. 이 자금을 현금으로 보유하든, 국내 증시가 폭락할 때 버티거나 반대로 오르는 자산(달러, 채권)으로 보유하든, 아니면 그때 활용할 수 있는 담보의 한도를 올려두는 방법이라도 강구해둬야 한다. 신용대출이라면 증명 소득 한도의 증가 또는 기존 투자수익으로 부동산 담보대출의 일부 상환 등을 통해 향후 위기 때 활용할 수 있는 '총알의 한도'를 확보할 방안을 찾아보고 실천해야 한다.

결론적으로, 시간과 노력이 적게 들어가는 투자든 많이 들어가는 투자든 간에 공통점이 하나 있다. 바로 '인내와 용기'를 필요로 한다는 것이다. 투자란 행위는 이론적으로만 보면 참으로 단순하다.

1) 좋은 투자 대상을 찾는다.

2) 원하는 가격 혹은 시점이 올 때까지 기다린다.

3) 충분한 양을 매수한다.

4) 원하는 가격이 될 때까지 기다린 후 매도한다.

이 네 가지의 요소를 '내가 할 수 있는' 방법을 찾아서 꾸준히 실행하고 다듬어 나가면서 중간 중간 지루함과 괴로움을 견딘 소수의 사람만이 시장에서 오랫동안 살아남아 부를 축적한 사람들이다. 주식시장이 장기적으로 우상향하고, 시장에 남아있으면 돈 버는 사실을 대부분의 투자자가 잘 알고 있음에도 왜 결국 돈 버는 사람들은 소수일까? 빠르게 부를 만들기 위해 인내하지 못하고, 무리한 레버리지, 베팅을 하다가 시장에서 퇴출되는 것은 결국 자기 역량을 넘는 투자를 한 것이다. 물론, 투자 시장에서도 특출난 '천재'들은 있다. **그러나 모두가 '천재'일 수는 없기에 '천재'이고 싶은 욕심은 흘려보낼 줄 알아야 한다. 다행히 투자 시장에는 천재가 아니어도 돈을 벌 수 있는 방식이 있으며, 목적지까지 얼마나 빠르게 가느냐보다 결국 도착할 수 있느냐가 중요하다.** 직장인 투자자들의 롤모델인 '정채진' 투자자의 칼럼에는 '백전백승보다 백전불태의 태도로 임하라'라는 말이 있다. 여기서 '백전불태'란 지피지기면 백전불태, 즉 적을 알고 나를 알면 백번 싸워도 위험하지 않다는 뜻이다. 백전불'패'가 아니라 백전불'태'라는 것을 강조한 점에 주목할 필요가 있다. 나의 수준을 알고 치명적인 위험에 빠지지 않는 상황을 만드는 투자를 하라는 것이다. 이 챕터에서 주로 '직장인 투자자'로서 치명적인 위험에 빠지지 않게 하는 현실적인 방법을 다루었다. 이를 바탕으로 자신의 상황과 성향에 맞게 고민해보고 실천하는 데 도움이 되길 바란다.

다른 사람이 더 빨리 부자가 되어도 부러워하지 말라. 누군가는 항상 자신보다 더 빨리 부자가 될 수밖에 없으며, 그것은 비극이 아니다.

– 찰리 멍거

"사요, 마요?"
대신에 해야 하는 진짜 질문

대부분의 사람들은 판단을 내릴 때 '어떻게' 하는지에 집중하며, 결론을 내리는데 있어서 '이분법'에 익숙한 편이다.

"그래서 결론이 뭐야? 어떻게 해? 진행해? 하지 마?"

사회생활 하면서 정말 흔하게 받는 피드백이다. 사실 이러한 의사결정 방법은 빠르고 효율적인 것처럼 보인다. 실제로 대부분 일상생활에서의 상황에서는 그렇다. 그러나 투자 세계에서는 이러한 접근법 측면에서 다소 달라져야 한다. '어떻게' 대신 '왜?'라는 물음과 그에 대한 답변에 집중해야 하며, 그 결론 또한 예, 아니오가 아니라 '결정보류'를 포함한 확률론으로 접근해야 한다는 것이다. 특히 '이분법적 사고' 대신 '변증법적 사고'의 관점으로 접근하고 판단을 내리는 습관을 들이는 것을 추천한다. '이분법'

접근의 예를 들면 이런 것이다. 보통 지인에게 투자 이야기를 하면 일반적으로 돌아오는 질문이 있다.

"그래서 어떻게 해요? 사요, 말아요?"

최종 판단조차 내리지 못해서 상대방에게 위임한다. 반면 변증법적 접근 방식에서는 어떤 차이가 있을까? 기본적으로 변증법은 정반합正反合을 거친다. 내가 생각하는 방식을 우선 떠올리고, 그다음에 완전히 반대되는 의견을 한 번 더 고민하고, 그 양쪽 의견을 고려한 합의점을 찾아가는 과정을 뜻한다. 이 정반합을 투자에 적용해볼 수 있는 가장 쉬운 예시가 '역발상'을 다루는 생각이다.

수많은 투자법이 있지만 본질적으로 투자 방식은 '추세 추종'과 '추세 반전 추종(혹은 평균회귀)', 크게 두 가지로 분류할 수 있다. 여기서 추세 추종은 시장이 옳다는 전제 하에 접근하는 정正에 가까운 방식이고 추세 반전 추종은 시장이 현재 틀렸다는 전제 하에 접근하는 반反에 가까운 방식이다. '시장은 대체로 옳고, 가끔 틀린다'는 말의 의미를 이해해야 한다. 바로 역발상의 기회는 자주 오지 않는다는 것이다. 게다가, 역발상을 하려면 정발상이 무엇인지 아는 것이 먼저 아니겠는가? **시장이 틀렸다는 판단을 하려면 시장이 옳을 때는 어떻게 움직이는지에 대한 이해가 선행되어야 한다.**

이 과정을 경험한 지인 투자자가 명언을 하나 남겼다.

"어설프게 보면 싸 보인다. 그러나 자세히 보면 그렇지 않다."

흔히 일상에서 '이유 없이 비싼 것은 있어도 이유 없이 싼 것은 없다. 싼 게 비지떡이다'라는 말을 종종 쓰곤 한다. 그러나 주식 시장에서는 싸다고 쉽게 판단을 내리는 경우가 많다. 찰리 멍거 또한 한 인터뷰에서 '헐값에 살 수 있는 기회를 발견했을 때, 반드시 물어야 할 질문이 있습니다. 왜 저죠? 왜 저에게만 이런 헐값에 살 수 있는 기회를 주신 거죠?'라는 질문을 하고 투자할 것을 권했다. 저평가라고 판단하고 매수하려면 그에 맞는 근거와 답을 정교하게 찾아낸 후에야 투자해야 한다는 사실을 강조한 것이다. **따라서 어떤 기업을 분석할 때는 '바겐헌팅**Bargain Hunting ◆ **투자, 역발상 투자'보다는 우선 '정발상'부터 제대로 할 줄 알아야 한다.** 떨어지는 주가의 원인과 시장의 오해를 찾는 것도 중요하겠지만 오르는 주가의 원인을, 즉 기업의 실적과 주가가 동행하는 사례를 분석하고 투자에 성공해 본 경험이 있어야 한다. 현재 이 기업의 주가의 흐름은 옳다고 생각을 하고 그 근거를 찾는 훈련

◆ 일종의 저가매수 전략으로 기업가치에 비해 주가가 크게 떨어진 주식을 찾아 사들이는 고수익·고위험 투자전략.

을 해보는 것이 우선이라는 것이며, 그 정발상 투자의 과정을 온전히 이해할 줄 알아야 역발상을 시도해볼 수 있다.

안전마진과 정반합 투자법

흔히 가치와 가격의 괴리를 '안전마진Margin of Safety'이라고 부른다. 가치의 상승 대비 가격의 괴리가 일정 범위 이상 커지는 구간이 투자에 대한 적기라고들 한다. 그러나 그 안전마진이 커지는 형태에는 여러 가지가 있는데, 이에 대해 이야기하다 보니 의외로 이 '형태'에 대한 고민을 하지 않는 사람들이 많아서 놀란 적이 있다.

가치 대비 가격이 낮은 추이가 강화되는, 즉 안전마진이 커지는 사례 중 대표적인 세 가지를 간단히 정리했다. 모두 본질 가치 대비 가격의 괴리가 커지는 것에 투자하는 것이므로 '가치투자'에 부합하는 투자다. 그러나 각각의 사례 중 어떤 방식이 본인의 투자 성향에 잘 맞는지를 이해하고 진행하는 투자자는 많지 않았다. 나의 경우도 마찬가지였으며, 투자 경험이 짧을수록 더욱 그렇다.

①번의 장점은 가치에 따라 가격 또한 상승하는 흐름으로 가장 이상적인 케이스라 할 수 있다. 이른바 가치투자자들이 말하

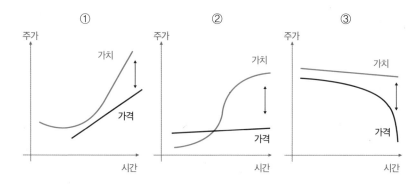

| 안전마진이 커지는 대표적인 세 가지 형태 |

는 '팔 기회를 주지 않는 기업의 주식'과도 같은 케이스다. 반면 단점은 무엇일까? 주가가 올랐을 때 추가 매수를 하지 않았거나, 초기에 충분히 비중을 넣지 못했다면 수익률은 높지만 수익금은 높지 않다는 단점이 있다. ①번 케이스에서 정반합의 접근법은 어떤 방식으로 적용해볼 수 있을까? 시장이 옳다(가격이 맞다)는 것을 '정'으로 설정한 예시는 다음과 같다.

정: 왜 가격이 맞는 걸까? 분기 실적 및 시장 전망에 대해서는 사업보고서나 IR 자료, 리포트를 통해 다른 투자자들도 쉽게 알아낼 수 있는 부분인데, 내가 소유편향에 빠진 나머지 실적 전망치나 내재가치 상승을 너무 긍정, 공격 적으로 추정한 것은 아닐까? 다시 한번 꼼꼼히 들여다보고 판단하자.

반: 가치의 상승과 그 상승률 또한 올라갈 가능성이 높다. 소외 섹터이고, 시장

참여자들이 아직 관심을 가지지 않는 종목이다. 거래량도 아직 터지지 않았고, 주가가 오르기 시작하면 오히려 저평가 가치가 부각되며 본격적으로 상승 랠리를 이어갈 수 있는 종목이다.

합1: 종합적 판단 결과, 공격적으로 판단한 부분이 더 컸음을 확인했다. 확실하지 않으니 판단을 다음 실적 또는 수출입 데이터 확인 시점까지 보류한다.

합2: 다각도로 검증해본 결과 EPS 증가 대비 시장 참여자들의 관심도가 낮은 게 맞다. 향후 멀티플 리레이팅(PER 배수 부여 상향)까지 기대되니 주가가 천천히 오를 때 비중 확대 판단하자.

②의 경우 보통 턴어라운드 또는 시클리컬 산업의 주식에서 나타나는 케이스다. 실적이 급격하게 오르면서 가치가 커지는 것에 비해 항상 한국 투자자를 괴롭히는 '피크아웃Peak Out'◆ 우려 때문에 가격이 잘 오르지 못하는 케이스다.

정: 왜 가격이 오르지 않는 걸까? 현재 업황이 좋은 것을 모르는 투자자도 없을 텐데. 실적이 큰 폭으로 돌아선 것은 맞고 수주잔고도 쌓여가지만, 매출 상승 대비 이익률이 꾸준히 올라오기 어려운 환경 때문이 아닐까?

반: 산업 동향과 글로벌 기업들의 업황 등을 면밀히 비교해봤을 때 여전히 경

◆ 경기나 주식이 고점을 찍고 하락 국면에 접어드는 상황.

쟁우위가 있고, 이익의 증가율이 꺾인 것은 일회성이라는 것을 확인할 수 있는 근거가 분명 존재한다.

합1: 그동안 투자자들이 겪은 '피크아웃&셀온'*의 트라우마로 인한 가격 상승의 정체다. 포지션을 더 늘릴 기회니 매수하자.

합2: 과거 시클리컬 산업의 실적과 주가 흐름을 비교해보니 크게 달라질 것이 안 보인다. 업사이드의 한계가 좁혀지고 있으므로, 기존의 사이클을 넘어설 것이라는 확신이 드는 지표를 확인할 때까지 판단을 보류하자.

③의 경우 본질 가치의 하락 대비 가격이 과도하게 빠지는 경우다. '저성장 우려' 또는 '악재, 루머' 등으로 주가가 하락하는 케이스다.

정: 왜 가격이 하락하는 걸까? 일반적인 가격 하락의 폭을 넘어서는 흐름이다. 거래량 및 거래대금 또한 의미있는 수준을 보이고 있다. 내가 모르는 재무적 요소나 비재무적 요소의 훼손이 있는 것은 아닐까?

반: 모두가 아는 호재는 호재가 아니고, 모두가 아는 악재는 악재가 아니다. 회사 경영진의 역량을 고려할 때 추가적인 악재가 확인되지 않는다면 이 추이로 하락할 가능성은 낮을 것으로 판단된다.

◆ 기대했던 이벤트가 발생하면 투자자들이 주식을 매도해 가격이 하락하는 현상.

합1: 추가 악재의 가능성이 0이 되기 전까지는 모르는 것이 맞다. 모르는 것이 확인될 때까지 판단을 보류한다. 확인하고 매수해도 늦지 않다.

합2: 추가 악재의 실현 가능성은 낮다. 내재가치 훼손을 계산해보더라도 현재의 주가 하락은 납득하기 어려운 수준의 과도한 하락이다. 시장 참여자들의 공포가 낳은 투매이므로 저가매수, 비중 확대의 기회로 삼아 매수하자.

이런 식으로 같은 결론이 나올지라도, 항상 '내가 틀릴 수도 있다'라는 생각을 염두에 두고 변증법으로 접근해보는 과정 자체가 장기적으로 결정의 우수성을 키우는 데 도움이 된다. 또한 간단한 그래프 예시지만, ①, ②와 ③의 케이스의 차이점을 알 수 있도록 그린 이유가 있다. **바로 '투자자가 틀렸을 때 받게 되는 충격'의 차이를 강조하고 싶었기 때문이다.** ①, ②의 경우, 기본적으로 가치가 상승하는 구간에서 가격이 덜 오르는 경우이기 때문에 투자자의 판단이 틀리더라도 최소한 '계좌의 큰 손실'은 막을 수 있다. ③의 경우에서 큰 차이가 있다. 가치는 그대로인데 시장 참여자들의 오해로 가격이 빠지는 것이라면 다행일 것이다. 그러나 그것이 아닌 '실제로 기업의 본질 가치가 훼손된 경우를 늦게 파악했을 때' 손절하게 되면 타격이 매우 크다. 더욱이 괴리가 벌어진다고 '착각'하고 추가로 매수했다면 틀렸을 때 손실 또한 기하급수적으로 증가하게 된다. 특히 가격은 빠르게 움직이고 즉각적으로 판단이 가능한 반면, 실적, 가치의 경우 천천히 움직이고 그 훼손 여부를 파악하는 데 시간이 걸리는 특성이 있다. 이 특성 덕분에 가치와 가격 간의 괴리가 발생하고 투자에서의 초과수익이 발생할 수 있는 것이지만, 역으로 이 때문에 큰 손실이 발생하기도 한다는 점을 간과하지 말자. **시간은 훌륭한 기업에게 동료이지만, 그저 그런 기업에게는 적이듯이, 투자자도 마찬가지다. 이 괴리의 벌어짐이 훌륭한 투자자에게는 투자 기회이지만 그렇지 못한 투자자에게는 손실 사례로 남을 수 있다.** 따라서, 자신의 투자 아이디어로 정발상 투자의 성공 사례를 만드는 것을 먼저 목표로 해보자. 역발상 투자는 투자자로서의 경험이 쌓인 후에 시도해도 늦지 않다.

최초의 생각이 유일한 생각이 되지 않게 하라. 또 다른 길이 없는 가를 생각해보라.　　　　　　　　　　　　　　　　**– 소포클레스**

고비와 정체기에는
포트폴리오를 압축하라

투자를 하다 보면 누구나 고비가 온다. 계좌의 손실이 주는 고통으로 인한 고비 외에도 수많은 크고 작은 고비와 고난을 마주하게 되며, 이는 피할 수 없다. 그러므로 이 고비와 고난을 겪는 투자의 여정 속에서 '어떻게 하면 앞으로 나아갈 수 있을까?'에 대한 고민과 행동이 중요하다. 투자에서 성공하는 방법은 다양하지만 실패하고 고민하는 과정은 사실 크게 다르지 않다. 누구에게나 초보 시절은 있기 때문이다. 대부분은 '원하는 만큼 수익률이 나오지 않을 때' 투자 열정도 떨어지고, 정체기라 느낀다. 누구나 겪는 현상이지만 이겨내는 방법은 각자 다르다. 개인적으로 이런 정체기를 겪을 때마다 나의 투자를 뒤돌아보고 안 해본 것, 새로운 관점으로 풀어보고자 시도해봤고, 그 결과는 제법 좋았다. 과거에 겪은 대표적인 투자 고민과 그것을 풀어나갔던 과거의 사례들을 몇 가지 소개하고자 한다.

분산투자와 집중투자: 포트폴리오에 대한 고민

분산투자와 집중투자 포트폴리오 사이에서의 고민은 '위험 관리'와 '변동성 관리'라는 측면에서의 고민일 것이다. 사실 투자 격언 중에서도 분산투자에 대해서는 의견이 갈린다. '계란을 한바구니에 담지 마라'는 말과 '분산투자는 무지에 대한 보호막'이라는 대립적인 말이 있을 정도. 사실 '분산투자와 집중투자'에 대한 정의조차 사람마다 다른 것이 현실이다. 그러나 이 말에 대해서는 대부분 수긍한다.

'분산투자는 부를 지키는 방법이고, 집중투자는 부를 키우는 방법이다.'

집중투자라고 해서 한 종목에만 투자해야 할까? 오히려 한 종목 투자는 이른바 '몰빵'투자라는 표현에 가깝다. 반면 '1개 기업에 전 재산을 넣을 수 있을 정도로 리서치를 매우 심도있게 하면 된다'는 주장 또한 있다. '가장 우수한 기업이 있는데 왜 다른 종목에 투자해야 하는가?' **집중투자가 위험한 것이 아니라 잘 모르는 상태에서 분산투자하지 않고 집중투자를 하는 것이 위험하다는 논리다.**

사실 생각해보면 부동산이나 암호화폐 등 다른 투자 자산 대상으로는 1개에 집중투자 하는 방식이 주식 투자 영역만큼 반론이 많지 않은 편이다. 부동산의 경우 '똘똘한 1채'라는 말이 통용되고 있고, 암호화폐에서도 비트코인에만 투자하는 사람들을 두고 '비트코인 맥시멀리스트'라고 부르지 않는가? 어디서 이런 차이가 올까? 그것은 '사라질 수도 있느냐, 없느냐에 따른 위험 관리'라는 관점의 차이에서 온다. **사실 주식시장에서는 어떠한 일도 일어날 수 있다는 사실을 많은 투자자들이 간과한다.** 예를 들어 2021년 시장을 떠들썩하게 만들었던 사건이 있었다. 바로 '오스템 임플란트 횡령사건'이다. 당시 자금 관리팀 책임자가 회사 자본금의 108.18%에 해당하는 2,215억 원을 횡령했다는 소식이 알려지면서 주식거래가 중지되고 상장적격성 실질절차(상장폐지 요건 검토)에 들어갔다. 이 사건이 시장에 주는 충격은 상당했다. 코스닥 초우량 기업 중에 하나였고, 우수한 실적(2020년 매출액 6,316억 원, 영업이익 981억 원, 영업이익률 15.53%, 2021년 매출액 8,246억 원, 영업이익 1,433억 원, 영업이익률 17.38%)으로 많은 인베스터들 또한 주주로 동행하던 기업에게 일어난 일이었으니 말이다. (횡령이 아예 없던 것은 아니지만 이처럼 회사 자본금을 넘어서는 대규모 수준의 횡령은 초유의 사건이었다.) 따라서 투자자들은 이런 예측할 수 없는 상황을 고려한 투자 포트폴리오를 구축해야 하며, 여기서 고려하게 되는 것이 '체계적 위험'과 '비체계적 위험'에 대한 개념이다.

'체계적 위험'이란 시장의 변동으로 설명할 수 있는 위험으로, 분산투자에 의해 제거될 수 없는 위험을 의미한다. '비체계적 위험'이란 시장의 변동이 아닌 자산 그 자체의 고유한 성격에 의해 발생하는 가격 변동의 위험을 의미한다. 예를 들어 체계적 위험의 종류는 경기변동, 물가 상승, 정부 정책, 이자율 등이 있고 비체계적 위험의 종류는 경영 성과, 재무구조, 노사분규, 연구개발, 소송 발생 등이 있다. 여기서 분산투자의 장점은 비체계적 위험을 피할 수 있다는 것이다. 이런 체계적 위험과 비체계적 위험을 이해하면 사실 1개 종목에 전 재산을 밀어 넣는 집중투자 포트폴리오는 지양하게 된다.

그렇다면 이쯤에서 '부를 키우려면 집중투자를 하라고 했는데, 위험을 피하는 분산을 하면서도 집중투자를 접목하려면 몇 개 종목에 대한 투자가 적정한가?'라는 질문이 나올 수 있다. 사실 이것은 투자 스타일의 차이라고도 볼 수 있는데, **자신의 투자 성향과 경험에 따라 집중 → 분산 → 집중 → 분산투자의 단계를 거치며 자연스럽게 자리 잡혀 나가는 것이다.**

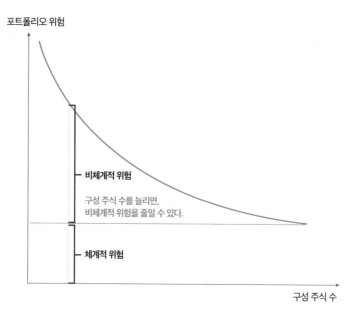

포트폴리오 위험

비체계적 위험

구성 주식 수를 늘리면,
비체계적 위험을 줄일 수 있다.

체계적 위험

구성 주식 수

| 체계적 위험과 비체계적 위험에 대한 그래프 |

나의 예를 들어보겠다.

1단계 - 무지성 집중투자

처음 주식 투자를 시작할 때는 대부분 남에게 물어보고 사기 때문에, 1~2개 종목에 몰빵투자를 하게 된다. 처음에는 장이 좋을 때 주로 진입하기 때문에 이런 매매도 잘 통하지만 결국 어느 순간 시장이 변하고 계좌의 손실이 나기 시작하면 스스로 공부해야겠다는 생각을 하게 된다.

2단계 - 비효율적 분산투자

기업이나 차트 분석을 공부하긴 하는데, 정확하게 이해하지 못하는 상황을 마주하게 된다. 그러다 보니, 이것도 좋아 보이고, 저것도 좋아 보여서 조금씩 사다가 백화점식 포트폴리오가 되는 결과를 낳게 된다. 퀄리티 있는 주식을 선별해서 사야 하는데, 분산을 위한 분산투자가 되었기 때문에 분산해도 다 떨어지는 현상을 겪는다. 비효율적인 분산투자를 하게 되니 집중 폭격을 맞냐, 분산 폭격을 맞냐 차이일 뿐 하락을 방어하지 못한다.

3단계 - 다시 집중투자로

공부와 경험이 쌓이다 보면 그래도 우선순위를 설정할 수 있게 된다. 그래서 포트폴리오를 한번 재편성하는 과정에서, 그중에서도 차트가 좋든, 안전마진이 크든, 업사이드가 높든 간에 선별해서 압축한 포트폴리오를 다시 구성하게 된다. 이 과정에서, 좋은 기업이라고 해도 좋은 주식이 아닐 수도 있기 때문에 생각보다 기다림이 길어질 수 있음을 깨닫게 된다. 즉, '종목 분산뿐만 아니라 시점 분산도 어느 정도 해야 되는구나'를 깨닫게 되는 단계다.

4단계 - 다시 분산투자로

VIP 자산운용 최준철 대표님의 '포트폴리오 걸스데이 이론'을 이해하게 된다. 걸스데이 이론이란, 각자 포텐셜이 있는 멤버라도 시기에 따라 인기가 달라지듯이, 좋은 기업이라고 해도 누가 먼저 치고 나갈지 모르기 때문에, 퀄리티있는 기업의 주식을 매수하더라도 시장 국면에 따른 분산투자를 고려해야 한다는 이론이다. 3단계에서 깨달음을 바탕으로, 주가 상승의 촉매 발현 시기를 고려해 분산한 포트폴리오를 구성하게 된다.

5단계 - 효율적 집중투자로

이 정도 단계를 거치며 정상적으로 수년간 꾸준히 해왔으면 이미 투자 자산 규모도 제법 늘었을 것(최소 N억 단위)이다. 좋은 기업의 주가 상승 촉매의 기간에 따른 비중 조절, 즉 기대 업사이드가 비슷하다면 촉매 발현 시기가 짧은 기업에 비중을 더 높이는 방식으로서, 투자 시계열 단축(시간 기회비용의 단축 노력)을 시도하는 시기다.

6단계 - 집중투자 베이스 + 약간의 분산

자산 규모가 수백억 원, 수천억 원 이상 되는 사람들은 어쩔 수 없이 분산투자일 수밖에 없게 된다. 그렇다 하더라도 구루들을 보면 대부분 집중투자를 하고 있다. 워런 버핏은 5개 기업에 80% 비중을 뒀고, 찰리 멍거는 3개 기업에 90% 이상 비중을 둬서 집중투자를 하고 있다. 집중투자를 하면서도 최소한의 분산을 위한 자금 배분을 진행하는 단계다.

트레이더들 또한 운용 자금 규모에 따른 보유 종목 관리의 중요성을 강조했다. 윌리엄 오닐William O'Neil은 초기 투자자들에게 자금 규모에 따른 적정 보유 기업 개수에 대한 가이드라인을 제시했다. 2만~20만 달러는 4~5종목, 5,000~20,000달러는 3종목 이하, 5천 달러 이하는 최대 2종목 이하로 관리하는 것이 적당하다고 말이다. 또한 운용 자금이 늘어 수백만 달러를 운용하더라도 제대로 고른 종목 6~7개, 변동성을 못 견디겠다면 10개로 늘리더라도 30~40개는 안 된다고 말했다. 보유 종목이 늘어날수록 관리하기도 어려우며, 자신의 운용 능력 범위를 벗어나면 안 되기 때문이다. 결국 초기의 실수, 모르는 상태에서의 집중투자를 지나, 분산을 위한 분산투자의 함정을 지나 계획적으로 분산된 (3~5개) 집중 투자로 부를 키워야 한다는 결론에 도달하게 된다. 분산투자를 지향하더라도 포트폴리오를 압축하는 노력은 반드시 필요하다. 내가 해당 기업에 대해 깊이와 확신이 얼마나 있는지 선별하는 과정에서 알 수 있게 되기 때문이다. 개인적으로 분산투자를 10개 이상 종목으로 한다면 차라리 인덱스 펀드나 퀀트 투자를 하는 것이 낫다. **당신이 개별 기업 분석을 할 줄 아는 투자자라면 개별 기업의 분석뿐만 아니라, 분석한 기업들간의 우선순위를 고민해서 줄을 세워보자. 그리고 각 투자 아이디어의 시계열에 따른 비중 조절 연습과 실전투자 적용을 해볼 것을 제안한다.** 개인적으로 이 포트폴리오 압축 과정에서 배우고 깨닫는 점이 많았다. 다른 투자자들 또한 직접 해보면 얻게 되는 장점이 많을 것이다.

인베스팅 vs 트레이딩
꼭 나눠야 할까

인베스팅과 트레이딩 투자법 사이에서의 고민은 '승률과 수익률 개선'이라는 측면에서 고민이다. 사실 인베스터나 트레이더나 수익을 가져다주는 기업의 수는 비슷할 것이다. 보통 10개 종목에 투자를 한다고 하면 평균적으로 큰 수익을 내는 종목은 2~3개, 5개 정도는 본전 내외의 수익, 2~3개 정도는 손실로 마무리하게 된다. 흥미로운 것은 인베스터들의 경우 '잃지 않는 투자'가 목적이기 때문에 위의 케이스의 승률 계산을 본전 내외의 결과(5개)는 계산에서 빼고 수익과 손실의 비율로 계산하며, 약 55%~60%의 승률을 목표로 한다. 반면, 트레이더의 경우 수익을 낸 종목만 승리로 간주하기 때문에 보통 목표 승률을 33%로 수준으로 잡는 경우가 많다. 평균 기대 승률인 33%에서 수익이 나려면 손익비가 3:1 이상은 나와줘야 하기 때문에 폭발적으로 실적이 성장하는 기업 또는 주가가 신고가 영역을 돌파하는 매매를 선호한다. 승률은 개선이 어렵기 때문에 수익률 개선에 힘쓰는 것이다. 그러나 이러한 접근 방식이 필요한 것은 인베스터도 마찬가지다. 사실상 투자 승률이 60%가 된다는 것은 굉장히 높은 수치다. 이 이상으로 투자 승률을 올리는 것은 정말 어렵다. 그래서 수익률을 올리려면 목표가에 도달한 이후 시장 참여자들의 과열로 인한 오버슈팅Overshooting◆까지 가격을 끌고가는 것이 중요하다. 그러나 본질적으로는 '안전마진 투자'에 반하는 방식이기 때문에 시도가 쉽지 않다. **여기서 적용해볼 수 있는 것, 외연 확장에 대한 방식이 바로 '차트'에 대한 공부다.** 정통파 인베스터들은 이 부분에 대해 반감을 가질 수도 있다. 어차피 차트는 후행적인 부분이며, 주가는 단기적으로 랜덤워크이론을 따라가게 되는데 그것이 주가를 예측하는 데는 무의미하다는 논리가 주된 의견이기 때문이다. 결국 주가는 실적의 함수이므로 장기적으로 실적이 상승하는 기업을 찾아내서 투자해야 한다고 주장한다. 물론, '위대한 순수 인베스터'들은 가능할 수 있다. 정발상의 가치투자 사례를 이미 수차례 경

◆ 상품이나 금융자산의 시장가격이 일시적으로 폭등·폭락하는 현상.

험한 구루들이고, 투자의 경험이나 리서치의 깊이, 관련 지식, 통찰력, 인내 등 투자 스킬이 대부분의 일반 투자자와는 차원이 다른 레벨이기 때문이다. 한 가지 툴로만 해도 압도적인 성과를 낼 수 있다면 그렇게 해도 된다. 그러나 '보조 지표로서의 차트'를 적용해보는 노력은 일반 개인 투자자들에게는 상당한 도움이 된다.

사실 트레이더들이 인베스팅으로 외연을 확장하는 경우는 드물다. 기본적으로 '가격 손절'로 리스크를 관리하기 때문에 시장의 오해로 가격이 하락할 때 추가로 매수하여 비중을 확대하는 '마틴게일식Martingales'◆으로는 절대 투자하지 않기 때문이다. 반면 인베스터로 시작한 사람들은 상대적으로 트레이딩을 섞는 것이 용이한 편이다. 어쨌든 '목표가에 도달'한, 투자 아이디어가 성공한 상태에서의 전량매도가 아닌 일부 비중 조절매도를 섞는 것만으로도 트레이딩 방식을 적용하는 것이기 때문이다.

트레이딩에 대한 오해

그러나 적지 않은 인베스터 추종자들이 여전히 트레이딩에 대

◆ 도박에서 시작된 베팅 시스템으로, 손실을 만회하기 위해 이전 베팅의 2배를 거는 방식. '물타기'라고도 한다.

한 반감을 가지는 이유는 '초기 투자 실패 경험'에 의한 것이 아닐까. 나 또한 그러한 경험이 있었고, 트레이딩을 공부해보니 초기에 내가 했던 것은 '트레이딩'이 아닌 '잡매매'에 가까웠다는 사실을 깨닫게 되었다. 결국 트레이딩이든 인베스팅이든 원칙을 지키는 것이 중요한데, 입문자가 매매하는 경우 그렇지 못하기 때문에 실패한 것이며, 그것은 트레이딩이라는 투자 기법의 잘못이 아니라 미숙련된 투자자 본인의 잘못이었다는 것을 깨닫고 나서 좀 더 열린 사고를 가지게 되었다. 당장 인터넷에 검색만 해봐도 상대 강도RS: Relative Strength와 상대 강도 지수RSI: Relative Strength Index를 혼용하여 글을 작성하는 포스팅이 많을 정도니, 트레이딩에 대한 관심이 적거나 이해가 낮은 인베스터가 많은 것도 어느 정도는 사실이다.

예전 인베스터 100%를 소망했던 나의 투자관에 변화를 준 두 사람이 있었다. 한 사람은 2021년에 알게 된 전업 투자자고, 다른 한 사람은 작고하신 신진오 밸류리더스 회장님이다. **두 사람의 공통된 조언은 '인베스팅을 하더라도 기술적 분석을 할 줄 알면 투자에 도움이 된다'는 것이었다.** 트레이딩을 잘 모르던 시절의 나에게 있어서 '트레이더 = 제시 리버모어Jesse Livermore'였다. 그의 트레이딩 철학을 보면 인베스팅 방식은 완전히 배제하고 논리를 펼치고 있으므로, 나와는 관련 없는 별개의 영역이라고 생각했기 때문이다. 그러나 트레이더로서 기술적 분석과 기본적 분석 투자를 함께하는 방식(요새는 하이브리드 투자 방식이라고도 부른다)을 설명하는 책, 『최고의 주식 최적의 타이밍』을 추천 받아 읽으면서 나의 투자관도 상당히 많이 영향을 받았다. 책의 내용은 명쾌하다. 당신이 생각하는 '최고의 주식'을 시장 참여자들이 좋아하는 '최적의 타이밍'에 집중적으로 매수하라는 것이다. 이는 과거의 주가 흐름의 통계, 패턴만으로 주식의 매매를 결정하는 순수한 '기술적 분석'과 달리 기본적으로 실적이 좋은 주식을 특정한 구간에서 집중 매수하는 방식을 적용함으로써 투자자들의 난제 중 하나인 '횡보 구간에서의 기다림과 인내의 고통'을 조금이나마 줄일 수 있는 대안이 된다. 나의 심금을 울린 신진오 회장님의 칼럼[10]에서는 다음의 내용이 나온다.

> "기술적 분석은 기본적 분석과 함께 주식을 분석하는 양대축이다. 사실 기술적 분석은 기본적 분석보다 역사가 길다고 할 수 있다. 아마 인류는 수천 년 전부터 어떤 물건의 가격을 기록했을 것이다. 하지만 기본적 분석은 1929년 대공황 무렵의 벤저민 그레이엄에서 시작되었다고 보면 아직 100년도 채 되지 않았다. 기술적 분석이 과연 투자자들이 입을 모아 비판할 정도로 효용이 없는 것일까? 그렇다면 아예 없어지지 않

고 그렇게 오랫동안 존재한 이유는 무엇일까? 혹시 우리가 놓치고 있는 효용이 있는 것은 아닐까?"

핵심은 '인베스터가 놓칠 수 있는 기술적 분석에 대한 효용' 이라는 부분이다. 가치투자의 창시자인 벤저민 그레이엄Benjamin Graham은 『현명한 투자자』에서 '기술적 분석'이라는 용어 대신에 '시점 선택'이라는 용어를 사용해서 설명했다. 강세장이 오기 전에 투자하고 약세장이 오기 전에 빠져나가는 것을 노리는 이른바 '마켓 타이밍'과는 다른 개념이다. 결국 주가가 가치와 일치하는 순간은 찰나에 불과하고 가격 변동이 큰 자산이기 때문에 이러한 가격 변동성을 활용하여 초과 수익의 기회를 얻는 방법으로서 시점 선택timing과 가격 선택pricing이 있다는 것이다. 시점 선택은 기술적 분석, 가격 선택은 가치투자에 가까운 방식이다. 아무리 신중하게 분석하더라도 투자 또한 인간이 하는 것이다 보니 누락되거나 실수할 가능성을 배제할 수는 없다. 바로 이럴 경우에 '기술적 분석으로 보완할 수 있지 않을까?'라는 발상으로 바라봐야 한다.

인베스팅과 트레이딩이 조화되면 좋은 이유

『시장의 마법사들』에서 마이클 마커스Michael Marcus는 "가장 훌륭한 매매는 기본적 분석, 기술적 분석, 시장 분위기 이 세 가지가 모두 자신에게 유리하게 작용하는 매매다"라고 말했다. 앞서 말한 '종목 압축' 과정에서도 기술적 분석에 대한 공부가 되어있다면 기술적 분석 방법 또한 훌륭한 스크리닝 툴이 될 수 있다. **비슷한 업사이드, 비슷한 안전마진을 갖고 있는 기업이라면 기술적 지표가 더 좋은 종목의 비중을 올리는 것이다. 차트'는' 좋다는 것과 차트'도' 좋다는 것은 다른 이야기라는 점을 강조하고 싶다.** 기술적 분석의 결과가 좋다는 것은 트레이딩 자금 수요가 유입될 가능성이 높다는 뜻이고, 결국 매수하려는 수요가 더 많은 기업의 주가가 상승할 확률이 높기 때문이다. 스탠 와인스타인Stan Weinstein은『주식투자 최적의 타이밍을 잡는 법』에서 이렇게 이야기했다.

> "하락세인 업종에서 기막힌 주식 하나를 콕 집어내어 자신이 투자의 귀재임을 증명하려고 애쓰지 마라. 소위 천재라는 이들이 그렇게 돈을 잃는 사이 당신은 A+ 업종에서 A+ 종목을 골라 엄청난 이익을 즐기면 된다."

예전에는 이 말을 들으면 개인적으로 기분이 좋지 않았다. 완전히 인베스터를 무시하는 발언이라고 생각했기 때문이다. 그러나 트레이딩을 공부하고 나니 비로소 이 말의 뜻을 이해할 수 있게 되었다. **트레이더들은 '가정**assumption**이 아닌 가격**price**'에서 배운다. 이 명제를 이해하면 오해가 풀린다.** 사실 인베스팅이든 트레이딩이든 결국은 '아웃 라이어'◆를 찾는다는 점에서는 하나로 통한다. 인베스터는 저평가에서 적정평가로의 평균 회귀를 넘어 더 성장하는 기업을 찾고, 트레이더는 종목의 차트가 저항을 맞고 떨어지는 평균적인 결과들 속에서 저항을 뚫고 지속상승하는 종목을 찾아 보유하는 것이 목표다. 즉, 둘 다 평균 회귀를 깨는 기업, 종목을 찾는 것이 투자의 목표다. 따라서, 가치투자와 기술적 분석은 대립하는 개념이 아니라 서로 결이 다른 개념일 뿐이다. **물론 모든 인베스터가 트레이딩을 섞을 필요는 없다.** 가치투자만 할 수도 있고 기술적 분석만 할 수도 있다. **그런데 둘 다 함께 할 수 있다면 더욱 좋지 않겠는가? 그러므로, 이런 아웃라이어를 찾는 과정에서 선택지를 하나 늘려보는 노력 또한 당신의 투자 정체기를 깨줄 방법이 될 수 있다는 것이다.** 물론 그 과정이 쉬운 일은 결코 아니며 하나도 제대로 못하는 상황에서 두 가지

◆　시장의 평균적인 수준의 성과를 내는 기업이 아닌 두각을 나타내는 기업.

투자를 도입해본다는 것은 무리라고 생각할 수도 있다. 그러나 완벽하지 않더라도 그것을 해내는 사람들은 있고, 그 소수의 사람 중 한 명, 그게 당신일 수도 있다. 그러니 한 번은 시도해볼 필요가 있다. 해보지도 않고 안 된다고 하는 것과 시도해본 후 배제하는 것은 다르다.

기본적 투자 베이스에 트레이딩을 일부 섞고 싶을 때, 공부 과정에서 도움이 되었던 책들을 정리했다.

제목: 저자	추천 사유
나는 주식투자로 250만 불을 벌었다: 니콜라스 다바스	인베스팅과 트레이딩을 경험하며 자신만의 투자관을 찾아가는 과정을 쉽고 현실감 있게 다뤘다.
전략적 가치투자: 신진오	가치투자 전략에 더해 시장 위험을 반영하여 포트폴리오를 조절하는 전략적 가치투자를 제시한다. 인간 본성에 반하는 가치투자의 우직함에 세련미를 더했다.
주식투자의 지혜: 천장팅	'진정한 고수는 사소한 원칙에 얽매이지 않는다'는 부제처럼 유연한 사고를 갖추고 시장을 바라보고 대응하는 실전적 자세를 알려준다.
최고의 주식 최적의 타이밍: 윌리엄 오닐	'CAN SLIM'으로 널리 알려졌다. 빠르게 성장하는 기업의 주식을 매수하는 시점과 전략에 대해 소개해준다.
초수익 성장주 투자: 마크 미너비니	'시장 대비 강한 주식, 주도주를 공략하라'라는 내용을 다룬 책이다. 윌리엄 오닐의 책 대비 기술적(차트) 부분을 더 강조한다는 내용이 특징이다.
주식 투자 절대 지식: 브렌드 펜폴드	'왜 이렇게 알려지지 않았나?' 싶을 정도로 저평가된 책이다. 개인 투자자가 투자에 대해 알아야 하는 부분, 특히 리스크 관리와 자금 관리 측면에서 큰 도움이 되는 책이다. 두껍지만 읽어볼 가치가 있다.

투자 객관화에
도움이 되는 운용법

소유편향에 빠지지 않기 위해 해보는 대표적인 방법으로 '제로 포지션에서의 검토'가 있다. 현재 손익률에 무관하게 계좌 평가액 전액이 현금이라고 생각했을 때, '그때도 현재의 종목과 비중을 그대로 유지하겠는가?' 이것을 고민하고 검토해보라는 것이다. 이 격언은 정말 좋은 내용이고 반박의 여지가 없지만 실천이 쉽지 않다. 왜 그럴까? '망치를 든 사람에게는 모든 것이 못으로 보인다'는 말이 있다. 그만큼 투자 공부를 하고 나면 공부하지 않았을 때보다 매수 버튼을 누르기 쉬워질 수밖에 없다. 그만큼 내가 노력한 시간과 투입된 돈의 매몰비용이 발목을 잡기 때문이다. 수많은 편향 중에 보유 편향을 고치기 어려운 이유가 여기에 있다. 객관적으로 바라보는 것이 쉽지 않기 때문에 별도의 노력이 필요하다. 이러한 부분을 해결하는 데 개인적으로 도움되었던 접근법은 '가족 계좌를 운용하면서 느낀 경험'에서 받은 객관화 과정이다.

내 계좌가 아닌 가족의 계좌를 운용한다는 것은 기본적으로 자산운용사에서 고객의 계좌를 운용하고 정기적으로 상담 및 관리하는 것과 유사하다. 그러나 일반 고객이 아닌 가족의 계좌를 관리한다는 것은 여러 가지 특수성이 존재한다. 이 특수성이 있는 상태에서 계좌를 운용해보면서 배우는 점이 있다. 구체적으로 어떤 것일까?

1) 부모님의 계좌를 관리하는 경우

기본적으로 부모님과 투자자 본인과의 차이는 투자에 대한 이해도의 차이와 시계열의 차이가 존재한다. 특히 '노후 자금'을 관리하는 경우라면 더더욱 보수적으로 운용해야 하므로. 평소에는 투자자 스스로가 고민하지 않았던 부분을 고민하게 될 것이다. 30대의 1억 원과 60대의 1억 원은 '현금'이라는 측면에서는 같은 의미를 갖지만 '투자 자산'이라는 측면에서는 다른 의미를 갖기

때문이다.

바로 손실에 대한 민감도가 더 올라가기 때문에 같은 금액을 운용하더라도 위험 관리 측면에서 더 섬세하게 관리할 수밖에 없다. 즉, 기존 자신이 선호하는 투자 종목에서 10가지 선택권이 있었다면, 부모님 계좌를 운용하는 관점으로 바라보면서 종목을 선별해보면 다른 결괏값이 나온다. 특히 같은 손익비(예를 들어 3:1)를 추종하더라도 30대인 투자자가 24%의 수익, -8%의 손실을 원칙으로 트레이딩을 한다면 60대인 투자자는 15%의 수익, -5%의 손실로 운용을 고려한다. 변동성을 줄이기 위해 안전자산이나 현금 비중을 다소 높이는 것이다. 이는 손실을 입더라도 복구할 수 있는 시간이 상대적으로 부족하기 때문이다. **또한 근로소득으로 인한 꾸준한 현금 흐름이 들어오는 직장인의 계좌와 노후자금으로 생활비를 충당해야 하는 계좌는 상황이 다르다. 그만큼 잃지 않는 투자에 대한 포커싱이 더 커져야 한다.**

따라서 같은 종목을 사더라도 기간 분할 매수를 더 길게 하는 편이며, 그 진입 시점 또한 더 보수적으로 하는 편이다. 예를 들어 어떤 한 기업의 현재 가격이 10,000원, 적정가가 20,000원인 기업의 주식이 있다고 해보자. 여기서 더 떨어지더라도 배당 수익률 등을 고려할 때 -30% 이상 하락하기 어렵다고 판단했다면, 내 계좌에서는 10,000원부터 매수를 진행하는 편이었다. 그러나 부모님의 계좌에 편입하는 경우는 진입 시점이 다르다. 그보다 15~20% 더 하락한 경우에만 분할 매수로 진입을 시작했다. 그 이유는 기회를 놓칠지언정 손익비가 매우 유리한 시점에서만 투자하는 계좌로 운용 방침을 세웠기 때문이다. 실제로도 이 방식으로 투자를 진행해본 결과, 게임에 참여하는 횟수가 적어지다 보니 수익을 낸 성공 케이스의 절대 횟수 자체는 줄어들겠지만 투자의 손익비는 드라마틱하게 상승했다. 내 계좌 운용에서의 '기다림의 인내'가 참 어려웠는데, 이렇게 부모님의 계좌를 직간접적으로 위임받아서 운용을 진행해보니 기회를 놓치는 것에 대한 막연한 두려움을 이겨내고, 더 유리한 조건에서 베팅하는 좋은 습관을 키우는 데 도움되었다. 블래쉬자산운용 백지윤 대표도 인터뷰에서 이런 내용을 말했었다.

'나에게 온 기회를 모두 잡았다면 내가 삼성 이재용 부회장보다 더 자산이 많았을 것이다. 기회는 항상 온다. 놓친 기회를 후회하며 머물러 있지 말고 앞으로 올 기회를 놓치지 않도록 노력하라.'

2) 자녀의 계좌를 관리하는 경우

일반 투자자의 운용과 자녀 계좌의 운용의 가장 큰 차이는 '회전율 제한'에 있다. 나의 경우 자녀 계좌 회전율 목표는 100% 이하, 가급적이면 30% 이하로 제한하고자 노력하는 편이다. 계좌 회전율이 100%라는 뜻은 본인의 계좌 금액만큼을 1년 동안 사고 판다는 뜻이다. 회전율이 33%라면 계좌 전체 금액을 사고 파는데 3년이 걸린다는 뜻이 된다. 왜 회전율 제한을 두는가? 그 이유에는 크게 두 가지가 있다.

첫째, 증여세 관련 법령에 따르면 '증여세 신고'를 했다 하더라도 피상속인이 투자에 대한 자발적인 판단을 하지 못하는 상태에서 적극적 재산 증식 활동을 하는 경우, 증여세를 줄이기 위한 위법적 행동으로 판단하여 (차명계좌 운용으로 취급) 향후 문제가 될 수 있기 때문이다. 물론, 법령 해석일 뿐이고 모든 미성년자 투자자의 계좌를 일일히 다 찾아내서 그 여부를 파악할 것이라고는 생각하지 않는다. 그러나 괜한 오해를 살만한 일은 피하는 것이 상책이다. 게다가 너무 잦은 매매를 한다면 그것 또한 그 자체로도 문제다. 사실 대부분의 계좌는 회전율을 높이면 높일수록 슬리피지Slippage◆를 이겨내지 못하고 전체 수익률에는 악영향을 미

◆ 매수 및 매도 과정에서 발생하는 수수료 및 각종 손실.

치기 때문이다.

둘째, 투자 기록을 남겨줌으로서, 향후 자녀가 주식 투자를 하게 된다면, 좀 더 긴 시계열로 본업에 충실하며 투자할 수 있는 습관을 길러주기 위함이다. 향후 자녀가 투자 관련 일을 하거나 전업 투자자를 희망하지 않는 경우라면, 어느 정도 나이까지는 본업에 충실하되 주식 투자의 경우 메인이 아닌 서브로 관리하길 희망하고 있다. 좀 더 긴 투자 시계열을 갖고 투자에 임하는 경우 본업에 집중하기 더 수월해지기 때문이다. 그래서 이런 투자관을 심어주기 위해 나의 개인 블로그에도 매년 연초에 1회씩 「연간 자녀계좌 운용 보고서」를 업로드 하고 있다. 해당 보고서는 기업의 사업 보고서 양식을 벤치마킹 및 간소화하여 운용하고 있으며, 매해 마지막 거래일 기준으로 보유 종목의 수량과 평가액 변화를 기록하고, 비중 조절, 신규 편입/편출입 된 종목이 있다면 그에 대한 내역 및 사유를 간단히 기록해주고 있다. 이러한 관점의 노력은 향후 자녀의 투자에 도움이 될 뿐만 아니라, 투자자 본인의 투자 실력 향상에도 도움된다. 기존에 해보지 않았던 관점에서의 노력을 하는 것이기 때문이다.

결국 종합해보면 투자자의 정체기, 고비의 공통점은 '예전에 하던 방식이 잘 통하지 않는다고 생각되는 순간' 어떻게 해결할 것인가의 고민일 것이다. 이에 대한 대표적인 고민과 해결책을 제시했으나, 여기서 스스로에게 물어봐야 할 질문이 한 가지 더 있다.

'나의 투자에 문제가 생긴 것은 무엇을 안 해서 생긴 것인가, 무엇을 해서 생긴 것인가?'

이 질문에 대한 답변이 어떻게 나오느냐에 따라 투자자의 대응 또한 달라져야 하기 때문이다. 이 질문에 대한 답변을 찾기 위한 과정이 '자신만의 투자법을 세우고 갈고 닦아라'라는 조언을 실천하는 것이다. 이러한 투자 조언은 익히 들었지만 스스로의 투자법을 갈고 닦는 과정에서 그 방법에 대해서 자세히 다룬 책은 없었던 것으로 기억한다. 투자의 정체기가 생겼다면 위험 관리, 투자 방식의 문제, 자기객관화의 결여 등의 문제에서 발생하는 경우가 많았고 이에 대한 내용을 본 챕터에서 주로 다뤘다. 각자의 고민에 가까운 부분을 찾아 투자에 검토해보면 도움이 되리라 생각한다.

끝으로, 현재 시장의 투자자들 중 코로나19 이후 본격적으로 시작한 사람들이 많다. 3~4년의 수준에서 헤매는 것은 부끄러운 일이 아니며, 어찌 보면 당연한 과정에 가깝다. 나 또한 수십 년의 경력이 아닌 조금 더 앞서가고 있는 입장에서 공감이 되는 부분이고 늘 고민하는 부분이기도 하다. 그러나 좌절할 필요는 없다. 국내 파생시장의 전설적인 트레이더인 성필규(알바트로스)님도 자신만의 길을 찾는데 10년 정도 걸렸다고 한다. '서둘지 말고 당신의 방법을 찾아라'라는 가르침을 잊지 말자. 더디게 가는 것을 두려워하지 말고 의미 없는 헛걸음, 제대로 된 방향으로 가지 못하는 것을 두려워하자.

오직 목표뿐이다. 길은 없다. 우리가 길이라고 부르는 것은 망설임에 불과하다.
– 프란츠 카프카

과거는 바꿀 수 없지만
미래는 바꿀 수 있다

그동안 배운 것과 경험한 것을 기록하다 보니 어느덧 두 번째 책을 내게 되었다. 첫 번째 책이 입문자들을 대상으로 자본주의에 대한 기초적인 내용을 전반적으로 설명했다면, 이번 책에서는 최소 2~3년 이상 투자 시장을 겪어본 사람들을 대상으로 집필했다. 투자에서 배움의 끝이 없듯이 나의 배움과 경험 또한 현재 진행형이다. 다만, 직장인 투자자의 한 사람으로서 시장에 살아남아 꾸준히 투자하면서 배우고 느낀 점을 잘 정리하면 독자들의 시행착오를 줄이는 데 도움을 줄 수 있겠다는 생각으로 구성했다. 나의 경험과 방법만이 정답은 아니겠지만, 한 걸음 앞서나간 사람의 입장에서의 조언이 비슷한 길을 따라오는 투자자들의 성장에는 일조하리라 확신한다. 프로바둑기사 조훈현의 저서인 『고수의 생각법』에 보면 이런 문장이 나온다.

"마라톤을 뛰는 사람 중에 1등으로 테이프 끊는 사람은 한 명인데 나머지 사람들은 왜 열심히 뛸까? 자신의 기록이 남아 있기 때문이다."

개인의 투자 또한 '자신의 목표에 대한 달성 기록'을 세우기 위한 여정이다. '얼마나 빨리, 몇 년 만에 10억 원, 100억 원을 만들었는가?' 혹은 '남들이 이룬 성과보다 앞서는가?' 같은 비교는 개인의 투자 목표와 상관이 없다. '얼마나 빨리' 달성했는지의 여부는 운적인 요소가 많이 좌우되는 영역이고, '남들의 성과' 또한 그대로 추종 및 복제가 불가능하기 때문이다. 그러나 '얼마가 걸리든 간에 완주하겠다'는 목표를 세우고 달리는 것은 가능하다. 이런 투자 여정은 드라마보다는 다큐멘터리에 가깝다. 드라마틱하고 화려한 스토리보다는 치열한 노력과 지루함, 고통을 이겨내는 여정에 가깝다. 그래서 책의 전반에 걸쳐 '의지'보다는 '시스템'을 강조한 것이다. 나중에 부자가 될 수 있을지, 없을지는 본인이 가장 더 잘 알 것이다. 시간이 지날수록 돈이 없어지는 사람과 자산이 쌓이는 사람이 있는데, 현재 자신의 투자법과 시간의 흐름이 어느 쪽을 향해 가고 있는지를 냉정히 확인해야 한다.

투자를 다이어트에 비유하는데, 이론과 실천이 다르다는 점, 너무나 다양한 방법으로 성공한 사람이 있다는 점, 해야 하는 것보다 하지 말아야 하는 것이 더 중요하다는 점, 단기간에 급하게 하려면 탈이 생긴다는 점 등에서 공통점이 있다. 공부도 운동도 그렇듯이 투자에도 분명 기질과 재능이 있다. 시장을 장기간 이기는 건 5%에 불과하고 대부분은 S&P500 투자하라고 했고, 버크셔 해서웨이도 평균적으로 15%의 현금성 자산 비중을 유지한다. 반면, 워런 버핏의 추종자들은 버핏의 조언과 위험 관리 방법을 제대로 지키지 않는다. **결국 아무리 좋은 멘토와 조언이 있다고 한들, 내가 반복 가능한 투자 방식을 찾아 스스로 꾸준하게 실행에 옮기는 것밖에는 달리 왕도가 없다.** 그 과정에서의 타인의 조언이나 경험을 참고로 배울 수 있는 것뿐이지, 결국 최종 결론은 투자자 본인이 만들어낼 수밖에 없다. 이 때문에 얼마나 알고 있는 지식을 실제로 실천하느냐의 싸움이다. 그 정보를 지식과 경험으로 바꾸는 과정에서 무엇을 생각하고 실천해야 할까?

내가 배운 것

'내가 안다고 생각'하는 것

내가 이해한 것

내가 '이해했다고 착각'하는 것

내가 앞으로 반드시 해야 하는 것

내가 행하고 있는 것

자신의 위치를 파악하기 위해 위와 같이 구분과 분류를 반드시 해보길 권한다. 책이라는 것이 자신이 처한 상황에 따라 다르게 느껴질 수밖에 없다. 투자 구루들의 책이라도 투자를 지속하면서 겪은 자신의 경험이 투영되기 시작해야 그 책의 진정한 의미가 받아들여지게 된다. 단순 정보가 아닌 지식으로 체화되는 경험을 하고 그 단계를 마주할 때마다 성장하게 되는 모습을 확인할 수 있기 때문이다.

'왜 똑같은 직장인으로 시작했는데 끝은 다를까?'라는 물음을 던지고 그 물음에 대한 답을 적다 보니 여기까지 왔다. 직장인으로 시작해 자본가가 된 사람을 만나 뵙고 이야기를 들었을 때, 달성 시기와 투자법은 각자 다양했지만 결국 공통점은 하나로 모였다. '누가 봐도 혀를 내두를 정도로 몰입하여 노력한 시기가 있었다'라는 점이다. 『제로 투 원』에도 이러한 점을 강조하고 있다.

"시간도 의사결정도 모두 거듭제곱을 따른다. 따라서 어느 한순간은 다른 모든 순간보다 중요하다. 당신이 내린 결정이 앞으로 그래프 상의 어느 점을 이루게 될지 치열하게 고민해야만 한다."

'성공하려면 미쳐라, 행복하려면 감사하는 마음을 가져라'라는 말을 좋아한다. 눈을 감고 나 자신이 원하는 게 무엇인지 떠올려 보고, 그리고 버려야 할 것들을 찾아보자. 세상에는 절대 거저 얻는 것이 없으며, 포기해야 할 것이 무엇인지와 그것들을 포기할 자신이 있는지 결정해야 한다. **행복을 찾으러 가기 위해 한 번은 미쳐봐야 하는 시기가 분명 존재한다.** 자본의 형성 초기 단계에서 최소한의 자본을 만들기 위한 투자 공부는 선택이 아니다. 선택이 아니라 의무의 과정이므로 얼마나 진심인가와 얼마나 큰 대가를 치를 수 있느냐의 대결이다. 중요한 일이라면 과정의 실패따위는 상관 없어진다. 모든 실패는 시행착오일 뿐이며, 반드시 만든다는 각오로 전념해야 한다. 성공을 위해 더 달릴 것인지 행복을 찾으러 갈 것인지 최소한의 자본 형성 이후에야 비로소 '선택권'이 주어지는 것이지 그전에는 정말 열심히 해야 한다.

다른 사람과 경쟁할 때는 아무도 도와주려고 하지 않는다. 하
지만 자신과 경쟁할 때는 모든 사람이 도와주고 싶어한다.

『나는 왜 이 일을 하는가?』에 나오는 문장이다. 투자의 세계
가 운칠기삼이라 한들, '뭘 해도 될 사람이다'라는 말을 모르는 사
람 10명에게 들을 각오로 한 번은 열정적으로 살아보자. 투자라
는 것이 다 성공할 수는 없는 것인데 '대가 없이 고생만하다 노력
이 물거품으로 남지 않을까?' 하는 걱정이 들 수도 있다. 그러나
그러한 고민과 두려움은 누구나 있다. 나 또한 주변의 뛰어난 분
들, 혹은 정말 개인적 롤모델로 삼는 투자자들을 만나면서 느끼
는 격차, 벽 같은 느낌을 강하게 받은 적이 있다. 이미 나보다 어
린 나이임에도 내가 원하는 자산을 이룩한 분도 있었고, 심지어
그보다 훨씬 많은 자산을 이룬 분들도 있었다. 솔직히 그런 순간
을 마주할 때면 '나는 그동안 뭘했나…' 싶은 생각이 들 때도 있었
지만, 과거는 과거일 뿐이고 타고난 재능이나 기질 부분을 당장
바꿀 수는 없는 노릇이 아닌가. 어차피 고민한다고 해결되지 않

기 때문에, 부의 길을 갈 것인지 가지 않을지는 나의 다짐에 달렸다. 자신보다 투자를 잘하는 사람도 많고 머리가 좋은 사람도 많고 자산이 많은 사람들도 많다. 하나 자부할 수 있는 것은 나는 내 상황, 육아하며 직장을 다니는 직장인 투자자 환경에서 내 목표를 향해 꾸준하게, 최선을 다해 하루하루 루틴을 지키며 시간을 채워나가고 있다는 점이다. 얼마나 진심인지는 본인이 가장 잘 안다. 이러한 노력이 남들과의 비교나 질투에서 멀어지게 하고, 스스로를 지키는 가장 큰 원동력이 된다. **내 눈앞에 최종 목표가 보이지 않아도, 옳은 방향이라면 달려볼 각오가 되어있는가? 인생은 어차피 매 순간 선택의 연속이고, 해야만 하는 일이라면 그 선택지는 두 가지뿐이다. 안 하고 결국 나중에 후회하거나, 지금 하거나.** 지금 무엇을 선택할지, 미래에 어떤 결과를 받을지는 전적으로 당신에게 달렸다. 당신의 여정에 이 책이 조금이나마 도움이 되길 기원해본다.

나는 내 환경의 산물이 아니라 내 선택의 산물이다. **- 스티븐 코비**

주

1 뉴스퀘스트, "부자들은 얼마가 있어야 '찐부자'라고 생각할까", 2021년 11월 15일자.

2 NH투자증권 100세시대연구소, 「2022 중산층 보고서」, 2022년.

3 한국예탁결제원, 「20년 12월 결산 상장법인 소유주 현황」, 2021년.

4 한국예탁결제원 정기간행물 〈2023 예탁결제〉 제125호(2023-봄호).

5 뉴시스, "직장인들, 퇴근 후 희망은 '체력왕'…현실은 '좀비'", 2021년 5월 29일자.

6 KB금융지주 경영연구소, 「2023 한국 부자 보고서」, 2023년.

7 변지영 지음, 『미래의 나를 구하러 갑니다』, 더퀘스트, 2023년

8 게리 켈러, 제이 파파산, 『원씽 THE ONE THING』 구세희 옮김, 비즈니스북스, 2013년.

9 하워드 막스, 『하워드 막스 투자와 마켓 사이클의 법칙』 이주영 옮김, 홍춘욱 감수, 비즈니스북스, 2018년.

10 신진오 외 14명, 『버핏클럽 issue 4』, 「가치투자자가 기술적 분석을 한다고?」, 버핏클럽, 2021년.

참고문헌

가우탐 바이드, 『투자도 인생도 복리처럼』, 김상우 옮김, 부크온, 2023년.

게리 켈러·제이 파파산, 『원씽』, 구세희 옮김, 비즈니스북스, 2013년.

나심 니콜라스 탈레브, 『안티프래질』, 안세민 옮김, 와이즈베리, 2013년.

나심 니콜라스 탈레브, 『행운에 속지 마라』, 이건 옮김, 신진오 감수, 중앙북스, 2016년.

대니얼 코일, 『텔런트 코드』, 윤미나·이지민 옮김, 웅진지식하우스, 2021년.

마이클 모부신, 『마이클 모부신 운과 실력의 성공 방정식』, 이건·박성진·정채진 옮김, 신진오 감수, 에프엔미디어, 2019년.

벤저민 그레이엄, 『현명한 투자자 1』, 이건 옮김, 신진오 감수, 국일증권경제연구소, 2020년.

변지영, 『미래의 나를 구하러 갑니다』, 더퀘스트, 2023년.

사이먼 시넥, 『나는 왜 이 일을 하는가?』, 이영민 옮김, 타임비즈, 2013년.

세이노, 『세이노의 가르침』, 데이원, 2023년.

스콧 앨런, 『힘든 일을 먼저 하라』, 이희경 옮김, 갤리온, 2023년.

스탠 와인스타인, 『주식투자 최적의 타이밍을 잡는 법』, 우승택 옮김, 플로우, 2020년.

잭 슈웨거, 『시장의 마법사들』, 임기홍 옮김, 이레미디어, 2008년.

조훈현, 『고수의 생각법』, 인플루엔셜, 2023년.

피터 틸·블레이크 매스터스, 『제로 투 원』, 이지연 옮김, 한국경제신문사, 2021년.

하워드 막스, 『투자에 대한 생각』, 김경미 옮김, 비즈니스맵, 2012년.

하워드 막스, 『하워드 막스 투자와 마켓 사이클의 법칙』, 이주영 옮김, 홍춘욱 감수, 비즈니스북스, 2018년.

투자로 인생을 밸류업 하라

1판 1쇄 발행 2024년 7월 22일
1판 2쇄 발행 2024년 8월 8일

지은이 한걸음

발행인 양원석 **편집장** 김건희 **책임편집** 이수민
디자인 유어텍스트 **영업마케팅** 양정길, 윤송, 김지현, 한혜원, 정다은, 유민경

펴낸 곳 ㈜알에이치코리아
주소 서울시 금천구 가산디지털2로 53, 20층 (가산동, 한라시그마밸리)
편집문의 02-6443-8932   **도서문의** 02-6443-8800
홈페이지 http://rhk.co.kr
등록 2004년 1월 15일 제2-3726호

ISBN 978-89-255-7476-9 (03320)

※ 이 책은 ㈜알에이치코리아가 저작권자와의 계약에 따라 발행한 것이므로
   본사의 서면 허락 없이는 어떠한 형태나 수단으로도 이 책의 내용을 이용하지 못합니다.
※ 잘못된 책은 구입하신 서점에서 바꾸어 드립니다.
※ 책값은 뒤표지에 있습니다.